Jan Siebert

# Ratingagenturen auf den internationalen Finanzmärkten

## Ihre Rolle in der Finanz- und Eurokrise

**Siebert, Jan: Ratingagenturen auf den internationalen Finanzmärkten: Ihre Rolle in der Finanz- und Eurokrise, Hamburg, Igel Verlag RWS 2014**

Buch-ISBN: 978-3-95485-000-6
PDF-eBook-ISBN: 978-3-95485-500-1
Druck/Herstellung: Igel Verlag RWS, Hamburg, 2014

**Bibliografische Information der Deutschen Nationalbibliothek:**
Die Deutsche Nationalbibliothek verzeichnet diese Publikation in der Deutschen Nationalbibliografie; detaillierte bibliografische Daten sind im Internet über http://dnb.d-nb.de abrufbar.

© Igel Verlag RWS, Imprint der Diplomica Verlag GmbH
Hermannstal 119k, 22119 Hamburg
http://www.diplomica.de, Hamburg 2014
Printed in Germany

# Inhaltsverzeichnis

# Abkürzungsverzeichnis

| | |
|---|---|
| ABS | Asset Backed Securities |
| BaFin | Bundesanstalt für Finanzdienstleistungsaufsicht |
| BilMoG | Bilanzrechtsmodernisierungsgesetz |
| BIP | Bruttoinlandsprodukt |
| bspw. | beispielsweise |
| CDO | Collateralized Debt Obligation |
| CEO | Chief Executive Officer |
| DBRS | Dominion Bond Rating Service |
| ESM | Europäischer Stabilitätsmechanismus |
| EU | Europäische Union |
| EUR | Euro |
| EZB | Europäische Zentralbank |
| Fed | Federal Reserve System |
| Fitch | Fitch Ratings |
| FSB | Financial Stability Board |
| i.d.R. | in der Regel |
| Inc. | Incorporated |
| IWF | Internationaler Währungsfonds |
| Ltd. | Limited |
| Moody's | Moody's Investors Service |
| NAIC | National Association of Insurance Commissioniers |
| NRSRO | Nationally Recognized Statistical Rating Organisation |
| OCC | Office of the Comptroller of the Currency |
| SEC | Securities and Exchange Commission |
| SOX | Sarbanes-Oxley Act |
| Standard & Poor's | Standard & Poor's Rating Services |
| u. a. | unter anderem |
| USA | United States of America |
| USD | US-Dollar |
| vgl. | vergleiche |
| z.B. | zum Beispiel |
| z.T. | zum Teil |

# Abbildungsverzeichnis

# Anhangsverzeichnis

*„There are two superpowers in the world today in my opinion. There's the United States and there's Moody's Bond Rating Service. (...) And believe me, it's not clear sometimes who's more powerful"*[1]

– Thomas Friedman

---

[1] Friedman (1996).

# 1 Einführung

## 1.1 Problemstellung

Vor mehr als einem Jahrhundert haben sich, ausgehend von den USA, Unternehmen entwickelt, die sich auf Bonitätsbeurteilungen von Schuldnern spezialisiert haben: Die Ratingagenturen. Begonnen hat alles mit einem dünnen Buch, welches John Moody im Jahre 1909 veröffentlichte.[2] Heute hat sich der Ratingmarkt zu einer „Multi-Milliarden-Dollar-Industrie" entwickelt[3] und die großen Agenturen wie Standard & Poor's, Moody's und Fitch zählen zu den mächtigsten Akteuren auf den Finanzmärkten.[4] Doch die Agenturen, die für Transparenz und Effizienz auf den Finanzmärkten sorgen sollen[5], stehen seit Beginn des neuen Jahrtausends fast pausenlos in der Kritik. Ihre Finanzierung sei fragwürdig, ihre Bewertungsmethoden undurchsichtig und ihre Ratings oft nicht nachvollziehbar.[6] Zudem wird ihnen massives Versagen in verschiedenen wirtschaftlichen Krisen vorgeworfen. Die Beispiele reichen von einer der größten Firmenpleiten in der US-Geschichte über die Finanzmarktkrise bis hin zur Staatsschuldenkrise in der Eurozone.[7] Dies ist auch der Grund dafür, dass die Ratingbranche als die größte unkontrollierte Machtstruktur im Weltfinanzsystem dargestellt wird[8] und Politiker immer wieder Alternativen zu den privatwirtschaftlichen Agenturen fordern.[9]

Ist die harte Kritik an den Ratingagenturen berechtigt oder wird mit ihnen nur ein Sündenbock präsentiert um von anderen Problemen auf den Finanzmärkten abzulenken?[10] Um diese Frage zu beantworten, muss zu allererst auf die Entstehungsgeschichte der Ratingagenturen, die Situation auf dem Ratingmarkt sowie auf die Bedeutung des Ratings für die Finanzmärkte

---

[2] Vgl. Sylla (2002), S. 6.
[3] Vgl. Kley (2003); S. 198.
[4] Vgl. Schiessl/Schulz (2011), S. 73.
[5] Vgl. Gras (2003), S. 20.
[6] Vgl. Langer (2012).
[7] Vgl. Schiessl/Schult/Schulz (2011), S. 64, 65.
[8] Vgl. Deutscher Bundestag (2003), S. 29.
[9] Vgl. Rickens/Wittrock (2012).
[10] Vgl. Mayer (2012).

eingegangen werden. Dieser Schritt erfolgt in Kapitel 2 der Arbeit. Um das Handeln der Agenturen richtig einschätzen zu können, muss der Ratingprozess analysiert werden und herausgearbeitet werden, wie die Agenturen überhaupt zu ihrem Ratingurteil kommen. Dabei soll in Kapitel 3 beantwortet werden, wie der Ratingprozess abläuft, welche Methoden und Kriterien angewendet werden und ob es signifikante Unterschiede in den Ratingmethodologien bzw. Urteilen der Agenturen gibt. Darauf aufbauend wird in Kapitel 4 analysiert, ob es Faktoren gibt, die den Ratingprozess und die Urteilsfindung negativ beeinflussen können. Die Rolle der Ratingagenturen in Bezug auf die Finanzmarktkrise und die Staatsschuldenkrise in der Eurozone soll in Kapitel 5 bewertet werden. Auf Grundlage der Ergebnisse werden in Kapitel 6 verschiedene Lösungsvorschläge, u.a. der Aufbau einer staatlichen europäischen Ratingagentur, diskutiert, die helfen sollen etwaige Probleme auf dem Ratingmarkt zu beseitigen.

## 1.2 Begriffsbestimmung

Zunächst sollen die Begriffe Ratingagentur und Rating bestimmt werden. Ratingagenturen sind Unternehmen aus dem Finanzdienstleistungsbereich, welche sich auf die Bewertung der Bonität von Schuldnern und Schuldtiteln mittels so genannter Ratings spezialisiert haben und diese Kreditwürdigkeitsbeurteilungen öffentlich zugänglich machen.[11] Zu den weltweit größten und bekanntesten Agenturen gehören Moody's Investors Service, die Standard and Poor's Corporation und Fitch Ratings. Die drei genannten Agenturen besitzen einen Marktanteil von ca. 95 %.[12]

Ratings sind vereinheitlichte Meinungsäußerungen über die zukünftige Fähigkeit, Bereitschaft und gesetzliche Verpflichtung eines Emittenten, Zahlungen von Zins und Tilgung einer von ihm begebenen Schuldverschreibung termingerecht und vollständig zu erfüllen.[13] In diesem Zusammenhang trat

---

[11] Vgl. Gras (2003), S. 6.
[12] Vgl. Bösch (2007), S. 188.
[13] Vgl. Blaurock (2007), S. 605.

der Begrifft schon im Jahr 1850 im angloamerikanischen Sprachraum auf.[14] Grundsätzlich unterscheidet man zwei Arten von Ratings. Zum einen gibt es interne Ratings durch Banken und zum anderen externe Ratings durch unabhängige private Unternehmen, den Ratingagenturen.[15] In dieser Arbeit liegt der Schwerpunkt auf den externen Ratings der Agenturen.

Bonitätsbewertungen beschränken sich nicht nur auf Unternehmen, es können sowohl öffentlich- rechtliche Körperschaften als auch Staaten durch die Agenturen geratet werden. Zu beachten ist, dass die Ratingagenturen keine Kaufempfehlungen aussprechen, sondern „nur" ihre Meinung über die Bonität eines Schuldners und das Ausfallrisiko bei gewährten Krediten äußern. Die Evaluation erfolgt unter Verwendung standardisierter Maßstäbe. Dabei können spezialisierte Kapitalmarktprodukte oder der Emittent selbst bewertet werden.[16] Die Agenturen vergeben in ihren Ratings Noten, die von „AAA" (für höchste Bonität) bis „D" (für Insolvenz) reichen. Anhand ihrer Noten werden die Emittenten bzw. die Kapitalprodukte in die Kategorie „Investment Grade" oder Speculative Grade" eingestuft.[17]

Eine besondere Bedeutung erlangen Ratings wegen ihres Einflusses auf die Finanzierungskosten eines Emittenten. Haben Investoren die Wahl zwischen einer sicheren und einer risikoreichen Anlage, wählen sie nur dann letztere, wenn das höhere Risiko durch eine höhere Gewinnchance aufgewogen wird. Folglich müssen Emittenten den Investoren als Risikoprämie umso höhere Zinsen zahlen, je schlechter ihr Rating ist, et vice versa.[18]

Eingang in das Ratingergebnis finden quantitative Daten wie Umsatz, Cash Flow, Eigenkapitalquote etc., aber auch qualitative Kriterien wie etwa Ma-

---

[14] Vgl. Braun (2003), S. 13.
[15] Vgl. Braun (2003), S. 59,117.
[16] Vgl. Blaurock (2007), S. 605.
[17] Vgl. Bösch (2007), S. 188.
[18] Vgl. Rosenbaum (2008), S. 19.

nagement-Know-how, Unternehmenskultur und Innenorganisation. Darüber hinaus fließen Branchen- und Länderrisiken in die Bewertung ein.[19]

---

[19] Vgl. Blaurock (2007), S. 605.

## 2 Grundzüge des Ratinggeschäfts

### 2.1 Entstehungsgeschichte der Ratingagenturen

Die Wurzeln der drei bekanntesten Agenturen reichen bis in das 19. Jahrhundert zurück. Während sich in den Vereinigten Staaten ein ausdifferenzierter Kapitalmarkt früh entwickelte, entstanden die ersten Ratingagenturen vergleichsweise spät. John Moody's gründete 1909 mit Moody's Investors Service die erste Rating Agentur der USA. Ein modernes Bankensystem sowie Märkte für Aktien und Anleihen bestanden zu diesem Zeitpunkt bereits seit mehr als einhundert Jahren. Andererseits existierten die Vorläufer der Ratingagenturen, die Credit Reporting Agencies schon seit ca. 1830.[20] Im Gegensatz zu den heutigen Ratingagenturen bewerteten diese nicht die Ausfallwahrscheinlichkeit von Emittenten bzw. Kapitalprodukten, sondern verbreiteten gegen Entgelt Auskünfte über die Zahlungsmoral und Kreditwürdigkeit von Geschäftsleuten.[21] Obwohl die Credit Reporting Agencies in der Antizipation der Wirtschaftskrise von 1837 scheiterten, stieg die Nachfrage nach Informationen über die Bonität von Unternehmen bzw. Schuldnern. Grund für das gesteigerte Informationsbedürfnis war die Erkenntnis der Gläubiger, dass Kredite ausfallen konnten.[22]

Bevor es Ratings gab, standen Investmentbanken mit ihrem Image für die Solvenz der durch sie ausgegebenen Unternehmensanleihen ein. Dies war möglich, da die Banken entsprechende Informationen über die Finanzlage der betroffenen Unternehmen besaßen. Von der Sachlage, dass viele Investoren mit den Insiderinformationen der Banken unzufrieden waren und der Existenz einer ständig steigenden Nachfrage nach Bonitätsanalysen von Schuldnern, profitierte John Moody. Seine Idee war es, die umfassenden Bonitätsanalysen durch die Implementierung eines einfachen Rating-Symbols - nämlich Buchstaben – vergleichbarer und verständlicher zu machen.[23] Im 19. Und 20. Jahrhundert wurden Credit Reporting Agencies und

---

[20] Vgl. Sylla (2002), S. 6.
[21] Vgl. Rosenbaum (2004), S. 12.
[22] Vgl. Rosenbaum (2004), S. 12.
[23] Vgl. Elschen/Lieven (2009), S. 101.

ihre Nachfolger, die Ratingagenturen, als rein private Akteure betrachtet, welche durch ihre Tätigkeit die Transparenz auf den Kapitalmärkten erhöhten.[24]

## 2.2 Wettbewerbssituation

Traditionell ist die Nachfrage nach Ratings von Seiten amerikanischer Unternehmen hoch. In Europa war das Bedürfnis nach Ratings hingegen geringer. Dies lag vor allem am bankenorientierten Finanzierungsverhalten der der Unternehmen. In den letzten Jahrzehnten vollzog sich in Europa ein Wandel und die Nachfrage nach Ratings wurde größer. Die Entwicklung blieb jedoch nicht auf die USA und Europa beschränkt. Weltweit steigt die Nachfrage nach Ratings.[25] In Abbildung 1 wird die Umsatz- bzw. Gewinnentwicklung Moody's stellvertretend für die gesamte Branche dargestellt.

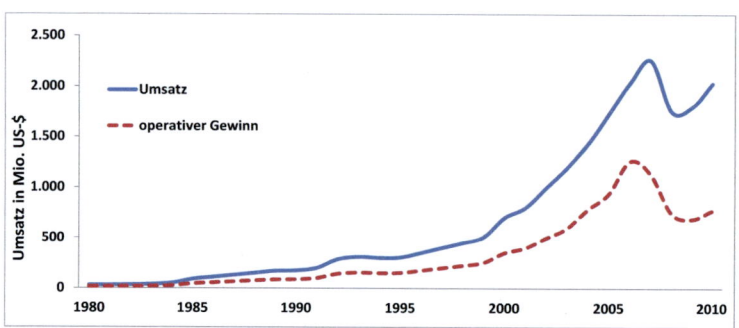

*Abbildung 1: Das Umsatzwachstum von Moody's als Maßstab für den gesamten Ratingmarkt*

*Quelle: Vgl. Kley (2003); S. 198 in Verbindung mit www.finanzen.net.*

Der Grund für diese Entwicklung ist die Liberalisierung der Finanzmärkte seit den 1970er Jahren und die Schaffung neuer komplexer Finanzinstrumente. Die Finanzierung im Unternehmenssektor mittels Anleihen zu Lasten von Bankkrediten erfuhr einen Bedeutungszuwachs. Die stärker werdende Rolle von institutionellen Investoren auf den Finanzmärkten ist ein

---

[24] Vgl. Rosenbaum (2004), S. 12, 13.
[25] Vgl. Blaurock (2007), S. 607.

weiterer Umstand, welcher die Bedeutung von Ratingagenturen stärkte. Der zunehmend globale Anlagehorizont von Versicherungen, Pensions- und Investmentfonds intensivierte den Bedarf an zuverlässigen Informationen und Risikoeinschätzungen über die Bonität der Emittenten von Wertpapieren und Anleihen[26]

Auf der Seite des Angebots ist der Markt durch ein Oligolpol gekennzeichnet.[27] Auch wenn die Anzahl der Ratingagenturen weltweit über 150 betragen dürfte,[28] teilen sich drei große internationale Unternehmen fast den gesamten Markt: Die US-amerikanischen Agenturen Standard & Poor's und Moody's haben jeweils einen Marktanteil von etwa 40 %, die britische Agentur Fitch kommt auf weitere 15 %[29]. Aufgrund des niedrigeren Marktanteils von Fitch, wird in der Literatur häufig von einem amerikanischen Duopol gesprochen. International bekannt sind neben den drei Global Playern der kanadischen Dominion Bond Rating Service (DBRS), der Versicherungsrater A.M. Best, die chinesische Agentur Dagong sowie die Euler Hermes Rating GmbH.[30] Diese und die restlichen Agenturen teilen sich einen Marktanteil von 5 %. Abseits der großen und international tätigen Agenturen fällt es national tätigen Anbietern offensichtlich schwer, sich zu etablieren. In vielen europäischen Ländern gibt's es keinerlei einheimische Agenturen. Kleineren und jüngeren Agenturen bleibt zumeist nichts anderes übrig als Nischenstrategien zu verfolgen. Ihre ökonomische Lebensfähigkeit basiert auf einem hohen Spezialisierungsgrad, d.h. sie besitzen eine sehr gute Marktkenntnis sowie eine ausgeprägte Marktnähe.[31] In Abbildung 2 werden die Marktanteile zusammenfassend dargestellt.

---

[26] Vgl. Rosenbaum (2009), S. 17.
[27] Vgl. Blaurock (2007), S. 607.
[28] Vgl. Säverin (2010), S. 13.
[29] Vgl. Gras (2003), S. 15.
[30] Vgl. Blaurock (2010), S. 607.
[31] Vgl. Andrieu (2010), S. 40, 41.

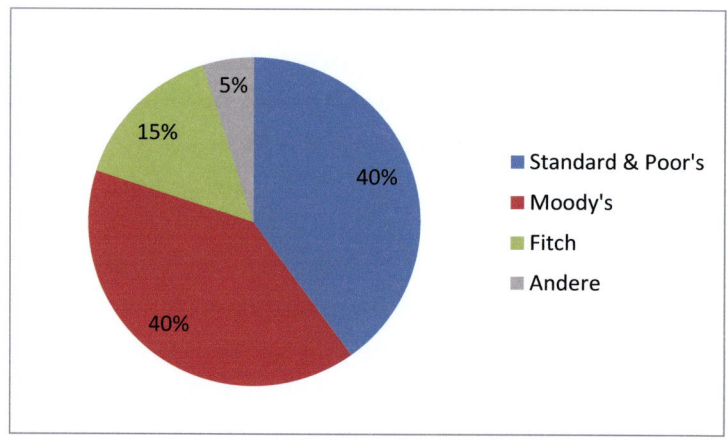

*Abbildung 2: Marktanteile in der Ratingbranche*
*Quelle: Eigene Darstellung.*

## 2.3 Markführende Unternehmen

### 2.3.1 Standard & Poor's

Standard & Poor's entstand 1941 als Resultat einer Fusion der beiden amerikanischen Unternehmen *Standard Statistics Bureau* und *Poor's Publishing Company*.[32] Seit dem Jahr 1966 ist Standard & Poor's im Besitz des US-Medienkonzerns McGraw-Hill Incorporated.[33] Weltweit beschäftigt die Agentur ca. 10.000 Mitarbeiter. In Europa betreibt die Agentur ihre Ratingtätigkeit mit Hilfe von sieben Tochterunternehmen und insgesamt ca. 1.000 Mitarbeitern, von denen ungefähr 540 direkt im Ratingbereich tätig sind. Standard & Poor's ist mit einer Marktdurchdringung von knapp 80 % in Bezug auf alle in der Europäischen Union (EU) bewerteten Verbindlichkeiten klarer Marktführer. Zudem besitzt die Agentur im Bereich der Bewertung von Versicherungsunternehmen eine Quasi-Monopolstellung. [34] Der Hauptsitz von Standard & Poor's befindet sich in New York[35], derzeitiger Leiter ist der ehemalige Citigroup Manager Douglas Peterson.[36]

---

[32] Vgl. www.standardandpoors.com
[33] Vgl. Elschen/Lieven (2009), S. 101.
[34] Vgl. Andrieu (2010), S. 42.
[35]Vgl. www.standardandpoors.com
[36] Vgl. www.ftd.de (2011a).

### 2.3.2 Moody's Investors Service

Die Agentur wurde 1909 von John Moody gegründet. Grundstein für den Erfolg und die Entwicklung des Unternehmens ist das im Jahr 1900 von ihm veröffentlichte „Moody's Manual of Industrial Miscellaneous Securities".[37] Heute[38] beschäftigt das Unternehmen 4.500 Mitarbeiter weltweit.[39] Um die Tätigkeitsbereiche der Ratingvergabe und des Risikomanagements voneinander abzugrenzen, hat Moody's seine Geschäftsbereiche reorganisiert. Während bei Moody's Investors Service der Fokus auf ratingbezogenen Aufgaben liegt, ist Moody's Analytics auf das Risikomanagement spezialisiert. In Europa sind in Moody's Ratingsegment ca. 550 Personen tätig. Um unterschiedlichen regionalen Anforderungen Rechnung gerecht zu werden, gründete das Unternehmen im Raum der Europäischen Union mehrere Niederlassungen.[40] Moody's ist die einzige börsennotierte Agentur der drei Marktführer. Größter Einzelaktionär ist Warren Buffets Beteiligungsgesellschaft Berkshire Hathaway mit einem Anteil von ca. 13 %.[41] Zurzeit wird die Agentur von Raymond McDaniel, jr. geleitet.[42]

### 2.3.3 Fitch Ratings

Fitch Ratings wurde im Jahre 1913 als „Fitch Publishing Company" gegründet. Sie gilt als einzige international wirkende europäische Ratingagentur. Wenngleich auch ihre Ursprünge in den Vereinigten Staaten liegen. Das Unternehmen entstand durch zahlreiche Fusionen kleinerer Ratingagenturen. Die Hauptsitze der Agentur befinden sich in London und New York. Sie steht im Mehrheitsbesitz der französischen Fimalac SA Holding. Trotz des geringeren Marktanteils ist Fitch Ratings als dritte Wettbewerbskraft zu bezeichnen, da das Unternehmen in bestimmten Segmenten und Regionen zu den etablierten Agenturen aufschließen konnte. Aggressive Preispolitik und eine Nischenstrategie lassen Fitch Rating mit Moody's und Standard &

---

[37] Vgl. Elschen/Lieven (2009), S. 101.
[38] Stand 31.12.2010
[39] Vgl. Moody's Annual Report 2010 (2011), S. 15.
[40] Vgl. Andrieu (2010), S. 42.
[41] Vgl. www.tagesspiegel.de
[42] Vgl. Moody's Annual Report 2010 (2011), S. 3.

Poor's konkurrieren. Während die beiden größeren Agenturen praktisch keine unbeantragten Ratings mehr vergeben, ist Fitch Ratings aufgrund dessen Marktstellung in einigen Segmenten noch dazu gezwungen. Für die Agentur arbeiten weltweit ca. 2.000 Mitarbeiter. In der Europäischen Union arbeitet Fitch Ratings mit sieben Tochterunternehmen der britischen Fitch Ratings Ltd, die ihrerseits im Besitz der amerikanischen Fitch Inc. steht.[43] Momentan befindet sich Fitch Ratings unter der Leitung von Stephen W. Joint.[44] Tabelle 1 enthält die wichtigsten Merkmale der großen drei Agenturen.

| Merkmal \ Agentur | Standard & Poor's | Moody's | Fitch |
|---|---|---|---|
| Gegründet | 1941 | 1909 | 1913 |
| Mutterunternehmen | McGraw-Hill Inc., New York | Seit 2000 selbstständig und börsennotiert | Fimalac SA, Paris |
| Mitarbeiter | 10.000 | 4.500 | 2.000 |
| Umsatz 2010 in Mio. US-$ | 1.695 | 2.032 | 657 |
| Niederlassungen | in 23 Ländern | in 27 Ländern | in 51 Ländern |
| globaler Marktanteil (gemessen am Umsatz) | 40% | 40% | 15% |
| Vergebene Ratings | • in ca. 100 Ländern<br>• 26.900 Unternehmen<br>• 53.900 Finanzinstitute und Versicherungen<br>• 976.000 hoheitliche Emittenten<br>• 198.200 strukturierte Finanzierungen | • in ca. 100 Ländern<br>• 31.126 Unternehmen<br>• 91.050 Finanzinstitute und Versicherungen<br>• 880.880 hoheitliche Emittenten<br>• 109.261 strukturierte Finanzierungen | • in ca. 100 Ländern<br>• 14.757 Unternehmen<br>• 88.446 Finanzinstitute und Versicherungen<br>• 491.264 hoheitliche Emittenten<br>• 77.480 strukturierte Finanzierungen |
| Kosten eines Ratings | Ab ca. 20.000 $ (Fixum und zusätzliche variable Vergütung (abhängig vom Emissionsvolumen) mit jährlichen Folgekosten) | | |

*Abbildung 3: Wichtige Merkmale der international anerkannten Agenturen[45]*

*Quelle: Vgl. Wappenschmidt (2008), S. 15, mit eigener Erhebung aktueller Zahlen, insbesondere aus www.moodys.com, www.fitchratings.com sowie www.standardandpoors.com.*

## 2.4 Funktionen von Ratings und Ratingagenturen

### 2.4.1 Funktionen aus Sicht der Marktakteure

Ratingagenturen treffen Aussagen hinsichtlich der Güte der Kapitalnachfrage, mit anderen Worten: Sie formulieren Risikoeinschätzungen. Mit dieser

---

[43] Vgl. Andrieu (2010), S. 43.
[44] Vgl. www.fitchratings.com
[45] Vgl. Wappenschmidt (2008), S. 15, mit eigener Erhebung aktueller Zahlen, insbesondere aus www.moodys.com, www.fitchratings.com sowie www.standardandpoors.com.

Form der Finanzanalyse verfolgen die Agenturen erwerbswirtschaftliche Zwecke. Ratings sind das operative Geschäft der Agenturen.[46]

Aus Sicht der Anleger sollen Ratings in erster Linie Transaktionskosten reduzieren, d.h. die Kosten von Informationsbeschaffung und -analyse sollen gemindert werden. Darüber hinaus sollen die Bonitätsbeurteilungen die Vergleichbarkeit verschiedener Emittenten und Anlageformen ermöglichen. Ratings stellen daher wichtige Parameter und Orientierungshilfen für die Entscheidung des Anlegers dar.[47]

Für den Emittenten ist die Bonitätsbeurteilung in vielerlei Hinsicht von Belang: Ein Rating wirkt „akzeptanzsteigernd" und bietet somit die Chance ein breiteres Anlegerpublikum zu erschließen. Ratings ermöglichen es den Emittenten, die eigene Glaubwürdigkeit als Schuldner zu dokumentieren. Dies schafft Vertrauen, welches die wesentliche Bedingung für das Zustandekommen von Kreditgeschäften ist. Für nicht-geratete Titel besteht faktisch kein Markt, da Ratings im Zuge des Standardisierungsprozesses als „Gütesiegel" wahrgenommen werden und eine Zertifizierungsfunktion erfüllen. Im Falle von regulatorischen Auflagen ist ein Rating obligatorisch für die Emission von Anleihen.[48]

Das Rating bestimmt auch die Kosten der Fremdkapitalaufnahme, da die Bonitätsbeurteilung einen signifikanten Einfluss auf die Höhe des Zinssatzes hat. Ein „gutes" Rating bzw. ein Upgrading haben eine Senkung der Kapitalkosten zur Folge. Ein „schlechtes" Rating bzw. ein Downgrading verteuern und erschweren die Kapitalmobilisierung und können schwerwiegende Folgen für die gesamte Finanzierung des Emittenten haben.[49] Des Weiteren kann sich das Bonitätsurteil auf den Aktienkurs eines Unternehmens, auf dessen operatives Geschäft sowie dessen Kunden- und Lieferan-

---

[46] Vgl. Gras (2003), S. 17.
[47] Vgl. Gras (2003), S. 17
[48] Vgl. Gras (2003), S. 17, 18.
[49] Vgl. Rosenbaum (2008), S. 19.

tenbeziehungen auswirken. Außerdem können Ratings über die Höhe und Stabilität von Kapitalzuflüssen in eine Volkswirtschaft entscheiden. Dies ist immer dann der Fall, wenn Staaten als Schuldner auftreten.[50]

Über diese unmittelbaren Funktionen als Unternehmensgegenstand, Orientierungshilfe zur Anlageentscheidung und Marktzugangsvoraussetzung bzw. Gütesiegel mit beträchtlichem Einfluss auf die Kostenstruktur hinaus hat der Einsatz von Ratings eine Ausweitung erfahren: Ratings dienen als Schwellenwerte mit Trigger-Funktion für Anlegerverhalten und als Werkzeuge der Finanzmarktregulierung.[51] Diese Entwicklung hat die Tragweite von Bonitätsbeurteilungen erheblich vergrößert. Institutionelle Anleger, wie Versicherungen oder Investmentfonds, verwenden Bonitätsurteile nicht mehr nur als relatives Maß zur Orientierungshilfe, sondern zunehmend als absolutes Maß für interne Investitionsrestriktionen. Ratings finden Eingang in Richtlinien, welche Mindestanforderungen definieren und eine Einschränkung auf Anlagen bis zu einer gewissen Risikostufe festlegen.[52] Daraus resultierend besitzen Ratings die Funktion eines Schwellenwertes für Investitionsentscheidungen. Sie induzieren einen Verkaufsautomatismus, sobald ein Rating unter einen definierten Wert fällt. Zusätzlich fungieren Ratings in anderer Form als Trigger und lösen bspw. automatische Anpassungen der Zinshöhe oder ein sofortiges Einlösen der Zahlungsverpflichtung aus. Durch Kopplung aufsichtsrechtlicher Sanktionen an Ratings wird der Trigger-Effekt verstärkt.[53]

Ratings werden als Werkzeuge der Finanzmarktregulierung sowohl zur Sicherung der Stabilität des Finanzsystems als auch zu vernünftiger Regulierung (prudential regulation) genutzt. Der Einsatz von Bonitätsbeurteilungen bietet die Möglichkeit einer risikosensitiven Regulierung der Finanzmärkte. Es können flexible Regeln geschaffen werden, welche eine automatische

---

[50] Vgl. Gras (2003), S. 17, 18.
[51] Vgl. Blaurock (2007), S. 612.
[52] Vgl. Gras (2003), S. 17-19.
[53] Vgl. Blaurock (2007), S. 612.

Anpassung an verschiedene Risikostufen gewährleisten. Regulierer verwenden Ratings als:[54]

- Emissionsvoraussetzung;
- Investitionsrestriktion, d.h. als Schwellenwert für die Anlage bzw. den Handel mit Wertpapieren;
- Kriterium für Eigenkapitalanforderungen: je niedriger das Rating, desto höher die erforderlichen Kapitalreserven;
- Kriterium im Hinblick auf Publizitätsvorschriften: je niedriger das Rating, desto strikter die Anforderungen.

**2.4.2  Funktionen aus Sicht der Aufsichtsbehörden**

Ratingagenturen sind gewinnorientierte Unternehmen der Privatwirtschaft. Ihr zu vermarktendes Produkt ist das Rating. Durch ihre Tätigkeit erleichtern bzw. ermöglichen die Agenturen gar erst den Handel zwischen Kapitalnehmern und -gebern. Sie agieren somit als Finanzintermediäre im weiteren Sinne.[55] Ihrem Betätigungsfeld nach, können sie als „Gutachter" in der Anbahnungsphase wirtschaftlicher Tauschvorgänge betrachtet werden. Da sich ihre Dienstleistung im Wesentlichen auf Informationssammlung und -verarbeitung konzentriert, werden die Agenturen auch als „Informationsdienstleister" angesehen.[56]

Trotz ihrer Stellung als privatwirtschaftliche Unternehmen, nehmen die Agenturen zum Teil aufsichtsrechtliche Funktionen wahr. Diese Rolle schreiben sich die Ratingagenturen im Rahmen ihrer Marketingstrategie selbst zu. Bestärkt werden sie darin auch von Seiten der Marktakteure und zum Teil von regulatorischer Seite. Die amerikanische Securities and Exchange Commission (SEC) spricht von einer „öffentlichen Verantwortung" der Agenturen. Es wird argumentiert, dass die Tätigkeit der Agenturen zweier essentieller Ziele der Marktaufsicht diene: Zum einen der *Steige-*

---

[54] Gras (2003), S. 19.
[55] Vgl. Buschmeier (2011), S. 171.
[56] Vgl. Gras (2003), S. 19, 20.

*rung von Markttransparenz und -effizienz* sowie der *Finanzmarktstabilität und Marktkontrolle.*[57]

### a) Steigerung von Markttransparenz und -effizienz.

In der Literatur werden Rating Agenturen als „important elements of disclosure" bezeichnet. Sie verfügen über einen bevorzugten Zugang zu internen Information, welche sie über ihr Bonitätsurteil für alle Marktakteure zugänglich machen. Durch ihre Tätigkeit tragen die Agenturen dazu bei, das Problem der asymmetrischen Informationsverteilung zu reduzieren. Demzufolge verbessern sie die Marktinformation und -transparenz und fördern den Anlegerschutz. [58]

Dank Spezialisierung, Größenvorteilen und Synergieeffekten bei der Informationsgenerierung durch Ratingagenturen, können die Transaktionskosten für Anleger reduziert werden und somit Effizienzgewinne für den gesamten Markt erzielt werden.[59]

### b) Finanzmarktstabilität und Marktkontrolle

Mit der Abgabe von Risikoeinschätzungen tragen die Agenturen zur Minderung von Unsicherheiten und systemischer Risiken im Finanzsystem bei und leisten somit einen Beitrag zur Krisenprävention. Mit ihrer Tätigkeit dienen die Agenturen den übergeordneten Zielen der Finanzmarktstabilität und der Sicherung des gesamten Finanzsektors. Ihnen wird daher die Aufgabe eines Frühwarnsystems bzw. einer Marktkontrollinstanz zugeschrieben.[60] Darüber hinaus kommt diesen transnationalen privaten Akteuren eine entscheidende Rolle für die globale Kapitalallokation zu. Diese rührt aus der historischen Entwicklung des Ratinggeschäfts und den weitreichenden Funktionen von Ratings und Ratingagenturen.[61]

---

[57] Vgl. Gras (2003), S. 20.
[58] Vgl. Gras (2003), S. 20.
[59] Vgl. Rosenbaum (2008), S. 17, 18.
[60] Vgl. Gras (2003), S. 20, 21.
[61] Vgl. Gras (2003), S. 21.

Indem den Agenturen die Wahrnehmung von Marktaufsichtfunktionen zugeschrieben, gleichsam überlassen wird, wird deren Handeln legitimiert. Den privaten Unternehmen kommt ein quasi-öffentlicher Status zu, welcher deren Handlungsspielräume und Einflussmöglichkeiten vergrößert.[62] Es wird ersichtlich, dass sich eine Privatisierung von Aufsicht und Regulierung vollzieht. Die Marktführenden Ratingagenturen agieren in einer regulatorischen Lücke und nehmen, legitimiert durch die anderen Marktakteure, selbst die die Position des Regulierers ein. Aus einer solchen Position ergeben sich beachtliche Kontroll- und Steuerungsmöglichkeiten über den gesamten Finanzmarkt.[63]

### 2.4.3 Ratings als Instrumente der Kapitalmarktregulierung in den USA

#### 2.4.3.1 Schritt 1: Beginn der Regulierung

Neben der Funktion als Instrument zur Optimierung der Kapitalallokation werden Ratings ebenfalls zu Regulierungszwecken eingesetzt. Unter diesem Punkt soll analysiert werden, wie sich der Gebrauch von Ratings zur Kapitalmarktregulierung in den USA entwickelt hat. Die Entwicklung verlief nicht gleichförmig und kann deshalb in drei Schritte unterteilt werden.[64]

1. Schritt: Beginn der Regulierung
2. Schritt 2: Der regulative Boom
3. Schritt 3: Das retardierende Moment

Die Regulierung manifestierte sich in den zurückliegenden 80 Jahren in einer Reihe von Gesetzen mehrerer Regulierungsinstanzen.[65] Den Anfang machte die Demokratische Partei 1930, als sie sich für mehr staatliche Interventionen in der Wirtschaft einsetzte. In Folge des Börsencrash am 24. Oktober 1929 und der darauffolgenden Depression verloren viele Anleger

---

[62] Vgl. Gras (2003), S. 28.
[63] Vgl. Gras (2003), S. 28.
[64] Vgl. Rosenbaum (2004), S. 9, 10.
[65] Vgl. Rosenbaum (2004), S. 9, 10.

und Unternehmen das Vertrauen in den Kapitalmarkt und die Wall Street. Die feindselige Stimmung gegenüber den Interessenvertretern der Finanzbranche ermöglichte gegen deren Widerstand massive Einschnitte in das Wirtschaftssystem. Für die Ratingagenturen stellte die Wirtschaftskrise ein Déjà-vu-Erlebnis dar. Einerseits versagten sie, wie schon im Jahr 1837, die bevorstehende Krise vorherzusagen: Von 264 Anleihen, deren Emittenten während dieser Phase in Zahlungsverzug gerieten, waren 78 % 1929 mit mindestens „Aa" geratet worden. Andererseits stieg aufgrund der hohen Ausfallraten das Bedürfnis der Anleger nach mehr Informationen über Kreditrisiken und somit die Nachfrage nach Bonitätsbeurteilungen. Aus dieser Entwicklung resultierend wurden 1931 erstmals Ratings zu regulativen Zwecken eingesetzt. Durch einen Erlass der amerikanischen Bankenaufsicht „Office of the Comptroller of the Currency" (OCC), wurden Kreditinstitute gezwungen, von ihnen gehaltene Anleihen in der Bilanz teilweise abzuschreiben, sollten diese schlechter als „BBB" geratet sein. Im Jahr 1936 wurde es Banken sogar verboten in „spekulative" Wertpapiere zu investieren. Da etwa die Hälfte der an der Wall Street gelisteten Anleihen (891 von 1.975) schlechter als mit dem notwendigen Mindestmaß von „BBB" bewertet war, waren die Auswirkungen auf die Finanzmärkte beachtlich. In Folge dessen verschwand das Gros des Marktes mit schlechter bewerteten Anleihen und die Wertspanne zwischen „BBB" und „BB" gerateten Anleihen vergrößerte sich. Mit dem im Jahr 1934 geschaffenen „Securities Exchange Act" und dem sechs Jahre später in Kraft getretenen „Investment Company Act", wurden Gesetze geschaffen, auf die sich spätere Verordnungen stützen konnten. Die Vorgabe, höhere Kapitalrückstellungen für Anlagen von Versicherungen zu verlangen, die nicht als „Investment Grade" geratet waren, bildet die letzte ratingspezifische Regulierung im ersten Schritt. Die Vorschrift wurde von der „National Association of Insurance Commissioniers" (NAIC) erlassen.[66]

---

[66] Vgl. Rosenbaum (2004), S. 13, 14.

Dank des wirtschaftlichen Aufschwungs nach dem zweiten Weltkrieg und der damit einhergehenden gesunden Finanzsituation der Unternehmen, ging der Anteil von Unternehmensanleihen zurück. Unternehmen nutzen vermehrt interne Mittel der Finanzierung oder nahmen Kredite bei Banken auf. Für die Agenturen läutete diese Entwicklung eine Periode der Stagnation ein. Diese sollte bis Anfang der 1970er Jahre andauern.[67]

### 2.4.3.2 Schritt 2: Regulativer Boom

Aufgrund der zunehmenden Globalisierung der Finanzmärkte und verstärkter Kapitalmobilität gewannen institutionelle Investoren sowohl an ökonomischen als auch an politischen Einfluss. Diese Gruppe von Investoren legte großen Wert auf ein durchsichtiges Marktgeschehen und setze sich für die Belange des Anlegerschutzes gegenüber den Regulierungsbehörden ein. Profiteure dieser Entwicklung waren die Ratingagenturen, denn ihre Bonitätsbeurteilungen sorgten für Transparenz und kamen damit den Anliegen der Investoren entgegen. [68]

Forciert wurde der Stellenwert des Ratings durch die Zahlungsschwierigkeiten der „Penn Central Railroad" im Jahr 1970, als viele Investoren erhebliche finanzielle Verluste erlitten. Die Anleihen des bis dato sechstgrößten amerikanischen Unternehmens waren wie die Mehrzahl zu dieser Zeit von keiner Ratingagentur bewertet. Um das Vertrauen der Investoren zurückzuerlangen, führte die SEC 1975 neue Regulierungsvorgaben ein. Diese griffen intensiv auf Bonitätsbeurteilungen zurück. Hauptaugenmerk lag auf der Einführung der „Net Capital Rule". Diese Regelung sah vor, dass Börsenmakler einen bestimmten prozentualen Anteil ihres Nettokapitals, den sogenannten „Haircut", zur Absicherung von Marktfluktuation hinterlegen mussten. Dabei waren die „Haircuts" der mit „Investment Grade" gerateten Vermögenswerte geringer als diejenigen von schlechter oder gar nicht gerate-

---

[67] Vgl. Rosenbaum (2004), S. 14.
[68] Vgl. Rosenbaum (2004), S. 15.

ten.[69] Der entscheidende Zusatz der „Net Capital Rule" war allerdings, dass die Ratings durch eine „Nationally Recognized Statistical Rating Organization" (NRSRO) erfolgen mussten. Der Begriff NRSRO wurde durch die SEC eingeführt, ohne ihn genauer zu definieren. Wie eine Ratingagentur diesen Rang erreichen kann, wurde ebenso wenig festgelegt, wie Mechanismen zur späteren Überwachung der NRSROs. Die damals bundesweit agierenden Agenturen Standard & Poor's, Moody's und Fitch wurden automatisch von der SEC als NRSROs anerkannt.[70]

In den darauffolgenden Jahren kam den NRSROs eine immer bedeutendere Rolle zu. Beispielsweise wurden die Offenlegungspflichten für Neuemissionen vereinfacht, wenn diese von mindestens einer NRSRO mit „Investment Grade" geratet wurden. Darüber hinaus konnten Ratings über die Zulässigkeit von Geldanlagen entscheiden. Demnach durften Pensionsfonds, laut einer Verfügung des amerikanischen Arbeitsministeriums, nur in „Asset Backed Securities" (ABS) investieren, die mit mindestens „A" bewertet waren. „Savings and Loan Associations" (vergleichbar mit Sparkassen) durften Anleihen nur dann erwerben, wenn diese in einer der ersten vier Ratingkategorien einer Agentur eingestuft waren. Ferner durften Geldmarktfonds nur begrenzt in spekulative Bonds investieren. Mit dem „Transport Infrastructure Finance Innovation Act" von 1998 mussten sogar einzelne Projekte mit mindestens „BBB" bewertet sein, um finanzielle Unterstützung durch das Transportministerium zu erhalten.[71]

Der Einfluss der Ratingagenturen schien immer größer zu werden. Doch die bis dahin größte Unternehmensinsolvenz in der Geschichte der Vereinigten Staaten stellte eine Zäsur dar.[72]

---

[69] Vgl. Rosenbaum (2003), S. 15, 16.
[70] Vgl. Majnoni/Levich/Reinhart (2002), S. 1, 2.
[71] Vgl. Rosenbaum (2004), S. 16, 17.
[72] Vgl. Blaurock (2007), S. 612.

### 2.4.3.3 Schritt 3: Retardierendes Moment

Der Zusammenbruch von Enron, ehemaliger „Liebling der Wall Street" und bis dahin siebtgrößtes Unternehmen der USA, stürzte im November 2001 den amerikanischen Kapitalmarkt in eine schwere Krise. Weder Rechnungsprüfer, Analysten noch die Ratingagenturen erkannten, dass der Energiekonzern seine Gewinne in den letzten Jahren viel zu hoch ausgewiesen hatte. In Folge dessen sank das Vertrauen der Anleger in den amerikanischen Finanzmarkt schlagartig.[73]

Als Reaktion auf die Insolvenz und um das Vertrauen der Anleger zurück zu gewinnen, wurde 2002 der Sarbanes-Oxley-Act (SOX) verabschiedet. Dieser schreibt schärfere interne Kontrollen der Unternehmen bei der Finanzberichterstattung, härtere Strafen bei unrichtigen Angaben in der Bilanz und eine Beeidigung der Bilanz durch den Vorstand vor. Betroffen durch Teile des Gesetzes waren auch die Ratingagenturen. Darin wurde von der SEC ein umfassender Bericht über die Rolle und die Funktion von Ratingagenturen für den Wertpapiermarkt gefordert. Darüber hinaus untersuchte der Senat die Rolle der SEC und der Ratingagenturen im Fall Enron. Die Ergebnisse der Untersuchung waren für Moody's & Co ernüchternd sie sollen komplett versagt haben. Ferner wurde ihre Fähigkeit, Unternehmen kritisch zu überwachen, in Frage gestellt. Zwar versagten die Agenturen schon in früheren Fällen bei der Antizipation von Krisen, doch blieb die Kritik vor Enron innenpolitisch ohne Konsequenzen. Durch die anstehenden Kongresswahlen im Jahr 2002 wollten sowohl Republikaner als auch Demokraten Handlungsfähigkeit beweisen und betrieben eine Politik, die den Wall-Street-Lobbyisten inklusive den Agenturen zuwiderlief. Der schier unaufhaltsame Weg der Ratingagenturen wurde durch den Enron-Skandal vorläufig gestoppt.[74]

---

[73] Vgl. Rosenbaum (2004), S. 17
[74] Vgl. Rosenbaum (2004), S. 17-19

Durch die Bewertung neuartiger strukturierter Kreditprodukte stiegen die Umsätze und Gewinne der Agenturen schon bald wieder in ungeahnte Höhen. Durch die Verwicklung der Agenturen in die Finanzmarktkrise, werden derzeit neue Reformierungs- und Regulierungsvorschriften für die Finanzmärkte und die Ratingbranche diskutiert.

### 2.4.4  Ratingagenturen als Quasi-Regulierer

Schon in den frühen neunziger Jahren wird in der Literatur angeführt, dass Ratingagenturen zum Teil Aufgaben von Aufsichtsbehörden übernehmen. Ein Jahrzehnt später billigt man ihnen die Rolle des de facto Regulierers auf dem Anleihenmarkt zu.[75]

Zum einen liegt diese Rollenzuschreibung in einer regulatorischen Lücke auf den Kapitalmärkten begründet. Dies trifft vor allem auf die USA zu den wichtigsten Markt für Ratings und gleichzeitigen Hauptsitz der marktführenden Agenturen. Aufgrund des Fehlens von anderen Institutionen bzw. anderer Anbieter mit dem nötigen Know-How, nehmen die Ratingagenturen diese Lücke ein.[76]

Zum anderen ist eine Analyse des Inhaltes der Geschäftstätigkeit der Agenturen essentiell. Ratingagenturen als reine Informationsdienstleister einzustufen würde ihnen nicht gerecht werden. Grund dafür ist die Anwendung der Ratings als regulatorisches Instrument. Durch diese Tatsache ändert sich automatisch der Informationsgehalt der Bonitätsbeurteilung. Dieser liegt nun nicht mehr einzig in der Information über die Ausfallwahrscheinlichkeit einer Zahlungsverpflichtung, sondern gibt darüber hinaus Auskunft über den regulatorischen Status einer Anleihe. Dies kommt einer Änderung des Geschäftsgegenstands der Agenturen gleich: Sie verkaufen neben Informationsdienstleistungen auch Gütesiegel bzw. Zertifikate mit regulatorischer

---

[75] Vgl. Gras (2003), S. 27.
[76] Vgl. Gras (2003), S. 27.

Relevanz. [77] Ein weiterer wichtiger Punkt ist, dass den Agenturen Marktauf-
sichtsfunktionen im globalen Finanzsystem zugebilligt werden. Mit ihrem
Handeln tragen sie, der Theorie nach, zur Verbesserung der Markttransparenz und -effizienz sowie zu Reduzierung systemischer Risiken bei. Aufgrund dieser Hypothese wird eine bestimmte Verantwortung der Agenturen
im und für das System geschlussfolgert. Gestützt wird dies mit Hinweisen
auf die Objektivität der Agenturen und die herausragende Bedeutung von
Reputation und Authentizität für deren Geschäft. Die hohen Kosten eines
Reputationsverlusts sollen eine ausreichende Neutralität und Güte ihrer Bonitätsurteile sicherstellen. [78]

Ob der Markt für Ratings wirklich derart effizient funktioniert, muss in den
folgenden Kapiteln überprüft werden.

## 2.5  Zusammenfassung

Ratings sind standardisierte Meinungsäußerungen über die zukünftige Fähigkeit, Bereitschaft und gesetzliche Verpflichtung eines Emittenten, Zahlungen von Zins und Tilgung einer von ihm begebenen Schuldverschreibung
termingerecht und vollständig zu erfüllen. Als wichtigste Triebkraft ihrer
weltweit zunehmenden Bedeutung ist die Globalisierung der Kapitalmärkte
zu nennen. Zudem trägt die Einbindung von Ratings in Regulierungsbe-
stimmungen signifikant zur Ausweitung der Geschäftstätigkeit der Agenturen bei und sorgt somit für weiteren Bedeutungszuwachs.

Die beiden zentralen Funktionen von Ratings sind die Beseitigung von In-
formationsasymmetrien und die Zertifizierung. Darüber hinaus wird den
Agenturen die Wahrnehmung von Marktaufsichtfunktionen zugeschrieben,
da sie durch ihr Handeln, der Theorie nach, die Markttransparenz und -
effizienz steigern und zur Reduktion systemischer Risiken beitragen. Aufgrund der regulatorischen Bedeutung des Ratings und des Fehlens staatli-

---

[77] Vgl. Gras (2003), S. 27, 28.
[78] Vgl. Gras (2003), S. 27, 28.

cher Pendants, nehmen Ratingagenturen de facto selbst die Rolle des Regulierers ein.

Im folgenden Kapitel sollen die verschiedenen Ratingarten und der Ablauf des Ratingprozesses genauer untersucht werden. Ferner soll auf die Unterschiede in den Ratingmethoden der marktführenden Agenturen eingegangen werden.

# 3 Ratingprozess

## 3.1 Ratingarten

### 3.1.1 Emissionsrating und Emittentenrating

Die erste Unterscheidung der Ratingarten findet dahingehend statt, ob ein einzelner Finanztitel oder die generelle Finanzkraft eines Schuldners geratet werden soll.

Im erstgenannten Fall handelt es sich um ein Emissionsrating, dass die derzeitige Meinung einer Agentur hinsichtlich der Bonität eines Schuldners in Bezug auf eine bestimmte Schuldverschreibung wiederspiegelt. Das Ergebnis des Emissionsratings hängt vor allem von der Kreditwürdigkeit des Emittenten bzw. Schuldners ab. Zusätzlich wird das Resultat von der Bonität von Garantiegebern und Versicherern sowie der Währung der Emission beeinflusst. Dies führt dazu, dass Schuldverschreibungen eines Unternehmens unterschiedliche Ratingnoten besitzen können. Des Weiteren können Anleihen ein besseres Rating als das emittierende Unternehmen selbst aufweisen. Die Gründe hierfür können in einer unterschiedlichen Besicherung, der Erst- bzw. Nachrangigkeit, den zusätzlichen Rechten und Bedingungen für Zins- und Tilgungszahlungen und in der Laufzeit liegen. Fundament des Emissionsratings bilden aktuelle Daten, die das emittierende Unternehmen der Agentur zur Verfügung stellt. Ferner kann in Abhängigkeit der Laufzeit der bewerteten Titel, in kurz- und langfristige Emissionsratings unterschieden werden.[79]

Im zweiten Fall handelt es sich um ein Emittentenrating. Hier wird die aktuelle Einschätzung einer Ratingagentur bezüglich der Finanzkraft und Bonität eines Schuldners wiedergegeben. Emittentenratings beurteilen die Bereitschaft und Fähigkeit eines Schuldners, seine Verbindlichkeiten zukünftig zu begleichen. Das Rating bezieht sich auf keine spezielle finanzielle Verpflichtung und berücksichtigt weder Art noch Rangfolge im Falle einer Insolvenz oder Liquidation. Das Emittentenrating beurteilt die allgemeine

---

[79] Vgl. Buschmeier (2011), S. 156, 157.

Kreditwürdigkeit eines Schuldners hinsichtlich nicht nachrangiger ungesicherter Forderungen.[80]

### 3.1.2 Solicited Rating und Unsolicited Rating

Eine weitere Differenzierung von Ratings lässt sich in Bezug auf die Initiative der Kreditwürdigkeitsermittlung treffen. Erteilt ein Unternehmen einer Agentur den Auftrag es zu raten, spricht man von einem Solicited Rating.[81] Ein zur Art und Branche des Auftraggebers passendes Ratingkomitee aus Analysten verschiedener Abteilungen sammelt unter Zuhilfenahme unterschiedlicher Datenbanken das gesamte öffentlich verfügbare Material. Darüber hinaus kommt der Kooperation zwischen Agentur und Emittent eine elementare Bedeutung zu. Im Normalfall wirkt das zu ratende Unternehmen beim Ratingprozess mit und liefert der Agentur wichtige Daten.[82]

Bei einem Unsolicited Rating erfolgt die Bewertung ohne den ausdrücklichen Auftrag und ohne Mitwirkung des bewerteten Unternehmens.[83] Die Agentur muss dabei auf rein öffentliche zugängliche Informationen zurückgreifen, was möglicherweise zu einer geringeren Aussagekraft des Resultats führen kann.[84]

### 3.1.3 Debt Rating und Equity Rating

Die Unterscheidung der beiden Ratingarten liegt im Adressatenkreis. Beide basieren auf einer Analyse der grundlegenden Unternehmensstruktur. Da ein Debt Rating entscheidungsrelevante Daten für Fremdkapitalgeber liefern soll, steht die Ausfallwahrscheinlichkeit eines Kredites im Vordergrund. Das Equity Rating versucht, einem Anleger eine Aussage über das Entwick-

---

[80] Vgl. Buschmeier (2011), S. 157.
[81] Vgl. Buschmeier (2011), S. 157.
[82] Vgl. Blaurock (2007), S. 604, 605.
[83] Vgl. Blaurock (2007), S. 606.
[84] Vgl. Rosenbaum (2008), S. 20.

lungspotenzial seiner Investition, sprich Ausmaß und Stabilität der Gewinne des Unternehmens, zu liefern.[85]

### 3.1.4 Branchenrating und Länderrating

Ein Branchenrating berücksichtigt die Wachstumsstärke, die Ertragsstärke, die Wettbewerbsintensität sowie die Konjunktursensibilität einer ausgewählten Wirtschaftsbranche. Dieses Rating ist dem Umstand geschuldet, dass die Branchenkonjunktur einen wichtigen Einfluss auf die Bonität von Unternehmen ausübt. Branchenratings basieren auf Informationen aus Behörden, statistischen Ämtern oder Ministerien, Berufs- und Industrieverbänden, Wirtschaftsforschungsinstitutionen und internationalen Organisationen.[86]

Bei einem Länderrating (Sovereign Rating) wird die wirtschaftliche Entwicklung eines Landes analysiert und prognostiziert. Vor allem die Frage nach der wirtschaftlichen Entwicklung eines Landes und der daraus resultierenden Bedeutung für die Kapitalmärkte steht im Fokus dieser Ratingart. Die Risiken für Gläubiger und potenzielle Kapitalgeber eines Landes werden anhand einer Bonitätseinschätzung beurteilt. Ferner werden die Chancen und Risiken für Realinvestitionen identifiziert. Des Weiteren werden Wechselkursrisiken, die bei Investitionen in ein Land eine signifikante Rolle spielen können, über modellbasierte Prognosen ermittelt.[87] Im Gegensatz zu Emittentenratings basieren Länderratings überwiegend auf öffentlich zugänglichen Informationen und sind in der Regel nicht beantragt sowie unentgeltlich.[88] Zusätzliche Relevanz erhalten Länderratings durch ihre Funktion als Obergrenze für die Einstufung sämtlicher Emittenten mit Sitz in dem betreffenden Staat. Grund dafür ist das Devisentransferrisiko, dem alle inländischen Emittenten unterliegen. Das Konzept des "Sovereign Ceiling" lässt nur in Einzelfällen Ausnahmen zu.[89]

---

[85] Vgl. Buschmeier (2011), S. 158.
[86] Vgl. Schneck/Morgenthaler/Yesillhark (2003), S. 56.
[87] Vgl. Buschmeier (2011), S. 159.
[88] Vgl. Utzig (2011), S. 9.
[89] Vgl. Gras (2003), S. 24.

### 3.2 Ablauf des Ratingverfahrens

### 3.2.1 Vorphase

Die Erstellung des erstmaligen Ratings kann generell in vier Schritte unterteilt werden:

- Vorphase,
- quantitative Analyse,
- qualitative Analyse sowie
- Ratingfestlegung und Abschlussphase.

Die von den Ratingagenturen zu ihrer Urteilsbildung herangezogenen Kriterien sind weitestgehend einheitlich, da sämtliche zugänglichen bonitätsrelevanten Faktoren in das Urteil einfließen.[90] In Abbildung 4 wird der Prozessablauf eines Ratings skizziert.

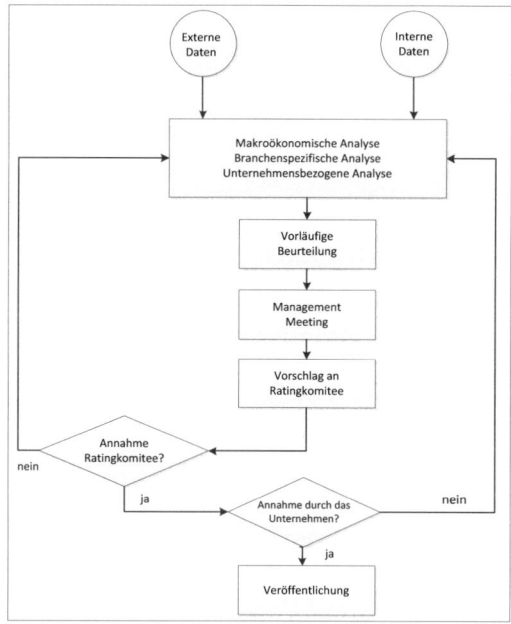

*Abbildung 4: Prozessablauf eines Ratings*

---

[90] Vgl. Thonabauer/Nösslinger (2004), S. 44.

*Quelle: Büschgen (2007), S. 396.*

Ein externes Rating, was üblicherweise vom Emittenten initiiert wird, nimmt in der Regel zehn Wochen in Anspruch. Zu Beginn findet ein informelles und unverbindliches Vorgespräch zwischen Ratingagentur und Emittent statt. Hier wird der Ablauf der Ratinganalyse erläutert. Sollte sich der Emittent für die Durchführung des Ratingverfahrens entscheiden, muss er einen formellen Antrag bei der Agentur stellen. Daraufhin stellt ein auf die Branche des Emittenten spezialisierter Analyst der Agentur, in Absprache mit dem Unternehmen, einen Ablaufplan zusammen.[91] Das Unternehmen wird üblicherweise darum gebeten, die für die Bonitätsanalyse wichtigen und notwendigen Informationen in einer Unternehmensdokumentation zusammenzustellen, aufzubereiten und sie dem Analystenteam zur Verfügung zu stellen. Zeitgleich sind die Analysten der Agentur mit der Beschaffung und Voranalyse von Markt- und Brancheninformationen, der Definition von Vergleichsgruppen und der Auswertung unternehmensspezifischer Daten beschäftigt.[92]

### 3.2.2 Quantitative Kriterien und deren Analyse

Quantitative Kriterien enthalten Kennzahlen oder Charakteristika, welche sich kardinal messen lassen. Darunter fallen sowohl unternehmensspezifische Finanzkennzahlen als auch makroökonomische Variablen. Die Ausprägungen sind in aller Regel objektiv beobachtbar und hängen nicht von der subjektiven Einschätzung des Analysten ab. Sie ermöglichen einen Vergleich der Variablenausprägungen mit anderen Unternehmen einer Branche. Quantitative Faktoren sind objektiv vergleichbar und können nicht, von dem am Ratingprozess beteiligten Personen, manipuliert werden. Ferner müssen sie nicht transformiert werden und gehen direkt mit ihrer Gewichtung in das Gesamtrating ein.[93]

---

[91] Vgl. Buschmeier (2011), S. 165.
[92] Vgl. Braun/Gstach (2003), S. 62.
[93] Vgl. Buschmeier (2011), S. 150.

Quantitative Kriterien lassen sich als traditionelle betriebswirtschaftliche Kennzahlen definieren, die mit Hilfe der Jahresabschlüsse aus den Vorjahren ermittelt werden. Dabei können Kennzahlen zur Vermögen-, Ertrags- und Finanzlage differenziert werden. Eine Unterscheidung innerhalb des Ratingsystems in verschiedene Rechnungslegungsstandards ist obligatorisch und hat einen großen Einfluss auf die Zuordnung der Inputdaten bei der Ermittlung der Kennzahlen. Die Eigenkapitalquote, als Quotient aus Eigenkapital und Bilanzsumme, ist die wichtigste Kennzahl. Gefolgt wird sie von den Cashflow-Kennzahlen. In Kombination lassen sich Aussagen zur Profitabilität und zur Sicherstellung der langfristigen Existenz des Unternehmens ableiten. Zusätzlich können in Ratingsystemen folgende Kennziffern Verwendung finden:[94]

- Kapitalstruktur
- Liquidität
- Eigenkapitalrendite
- Umsatzrendite
- Abschreibungsquote
- Wachstum des Bruttosozialproduktes

Gemeinhin können alle Unternehmenskennzahlen sowie beliebige makroökonomischer Variablen in die Bonitätsbeurteilung einfließen. Mit Hilfe statistischer Verfahren lässt sich nachweisen, welche Kriterien in der ex-post-Betrachtung als Determinanten der Ausfallwahrscheinlichkeit einen bedeutsamen Erklärungsanteil aufweisen. Eine Korrelation zwischen Genauigkeit der Ausfallwahrscheinlichkeit und Erhöhung der quantitativen Kriterien wurde nicht nachgewiesen.[95] Wissenschaftliche Untersuchungen belegen, dass die Ratings von Standard & Poor's und Moody's im Wesentlichen durch wenige Finanzkennzahlen reproduzierbar sind. Eine beispielhafte Bewertung quantitativer Kriterien wird in Abbildung 5 veranschaulicht.[96]

---

[94] Vgl. Buschmeier (2011), S. 151.
[95] Vgl. Behr/Güttler (2004), S. 15.
[96] Vgl. Gleißen/Bemman (2008), S. 6.

| Kennzahlen | CCC | B | BB | BBB | A | Wert |
|---|---|---|---|---|---|---|
| wirtschaftliche Eigenkapitalquote, bereinigt | < 10 % | > 10 % | > 20 % | > 35 % | > 60 % | 21% |
| dynamischer Verschuldungsgrad | > 8 | < 8 | < 4 | < 1 | < 0,01 | 1,2 |
| Zinsdeckungsquote | < 1 | > 1 | > 2,5 | > 4 | > 9 | 5,3 |
| operative Marge (EBIT-Marge) | < 0 % | > 0 % | > 5 % | > 10 % | > 15 % | 5,5% |
| Kapitalrückflussquote | < 5 % | > 5 % | > 10 % | > 15 % | > 25 % | 14,4% |
| Gesamtkapitalrendite | < 0 % | > 0 % | > 5 % | > 10 % | > 20 % | 27,6% |
| Quick-Ratio | < 60 % | > 60 % | > 90 % | > 140 % | > 200 % | 117,7% |
| Verbindlichkeitenrückflussquote | < - 10 % | > - 10 % | > 0 % | > 10 % | > 20 % | 20,1% |

*Abbildung 5: Beispielhafte Bewertung quantitativer Kriterien*
*Quelle: Gleißen/Bemman (2008), S. 6.*

Sofern ein Unternehmen über ein Berichtswesen verfügt, welches die entsprechenden Kennzahlen generiert, sind die quantitativen Kriterien relativ schnell und einfach zu ermitteln. Sie haben daher den Charakter öffentlicher Informationen. Anders sieht es bei Entwicklungsprognosen aus. Sie sind prinzipiell nur dem Unternehmensmanagement bekannt und werden deshalb als private Informationen gekennzeichnet.[97]

Bisher veröffentlichten die Agenturen nur selten die exakten individuellen Faktoren und deren Gewichtung in ihren jeweiligen Ratingsystemen. Durch die Finanzmarktkrise wurden die Ratingagenturen zu einer höheren Transparenz gedrängt und haben nun damit begonnen, ihre Methodologien zu veröffentlichen.[98]

### 3.2.3 Qualitative Kriterien und deren Analyse

Als qualitative Ratingkriterien werden alle Unternehmensattribute bezeichnet, die sich nicht mittels harter Fakten darstellen lassen. Zu einem Großteil sind diese Kriterien subjektiver Natur, sprich Mitarbeiter der Agentur schätzen die Ausprägung der Variablen subjektiv ein. Ein objektiver Vergleich der Daten über verschiedene Agenturen hinweg ist somit nur in geringem Maß möglich. Die Managementqualität ist einer der weichen Faktoren, welcher am häufigsten von den Analysten der Agenturen beurteilt werden muss. Anhand dieses Kriteriums ist ersichtlich, dass eine objektive Vergleichbar-

---

[97] Vgl. Buschmeier (2011), S. 152.
[98] Vgl. Buschmeier (2011), S. 151, 152.

keit zwischen verschiedenen Agenturen und unterschiedlichen Unternehmen kaum möglich ist.[99]

Aufgrund der nicht gegebenen Objektivität bei der Bestimmung der Variablenausprägung sind die qualitativen Faktoren besonders anfällig für Manipulationen durch Mitarbeiter der Agenturen.[100]

Um die weichen Faktoren messbar zu machen, müssen sie in einen numerischen Wert umgewandelt werden. Die Aussage, ob eine Unternehmensstrategie gut oder schlecht ist, ließe sich bspw. in ein Schulnotensystem transformieren, um eine Berücksichtigung im Ratingsystem zu ermöglichen.[101]

Die folgenden Bereiche und Kriterien werden bei den meisten qualitativen Ratingprozessen analysiert:[102]

- **Branchen-, Produkt- und Markstellung**
  Mögliche Kriterien: Marktpräsenz, Marktwachstum, Produktlebenszyklus, Produktportfolio, Branchenattraktivität
- **Management und Strategie**
  Mögliche Kriterien: strategische Ausrichtung, Managementinstrumente, Management und Corporate Governance, Personalführung
- **Interne Wertschöpfung**
  Mögliche Kriterien: Unternehmensorganisation, Forschung und Entwicklung, Prozesse, Datensicherheit und Wissensmanagement
- **Planung und Steuerung**
  Mögliche Kriterien: Unternehmensplanung, Informationspolitik, Controlling, Risikosteuerung
- **Kontodaten/Finanzpolitik**
  Mögliche Kriterien: Überziehung von Kreditlinien/Prolongationen, Ausschüttungspolitik

---

[99] Vgl. Behr/Güttler (2004); S. 16, 17.
[100] Vgl. Buschmeier (2011), S. 152, 153.
[101] Vgl. Schneck/Morgenthaler/Yesilhark (2003), S. 102 f.
[102] Buschmeier (2011), S. 15.

In den Ratingsystemen der Agenturen ergibt sich ein Verhältnis von quantitativen zu qualitativen Kriterien von 75:25.[103] Zukünftig ist eine stärkere Verlagerung hin zu den qualitativen Faktoren geplant.[104]

### 3.2.4 Ratingfestlegung und Überwachung

In diesem Schritt werden alle Informationen, die im Laufe des Ratingprozesses vom Analyseteam erhoben wurden, geprüft, aufbereitet und zusammengeführt. Liegen alle beurteilungsrelevanten Daten vor, wird ein Ratingbericht erstellt, der dem Ratingkomitee vorgelegt wird. Dieses setzt sich aus Branchenspezialisten, Analysten und leitenden Angestellten der Agentur zusammen und fällt, nach intensiver Analyse des Berichts, das Ratingurteil.[105] In Abbildung 5 wird der Prozess der Ratingfestlegung veranschaulicht.

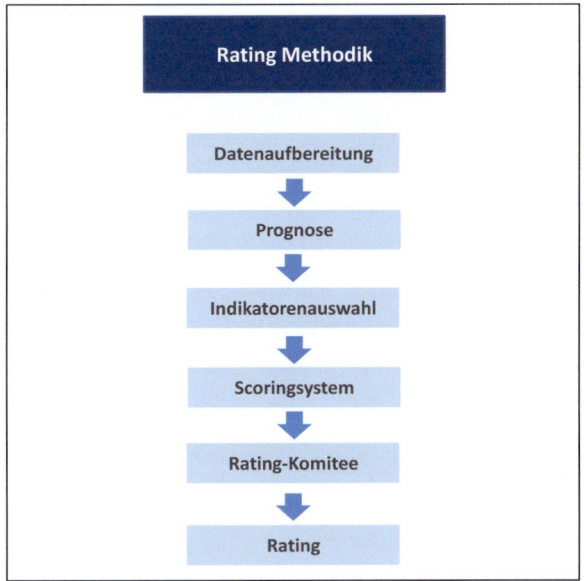

*Abbildung 6: Ablauf der Ratingfestlegung*

---

[103] Vgl. Gleißen/Bemman (2008), S. 6
[104] Vgl. Buschmeier (2011), S. 154.
[105] Vgl. Braun/Gstach (2003), S. 62, 63.

Die meisten Agenturen verwenden in der Notengebung die Ratingsymbole AAA, AA, A, BBB, BB, B, CCC, CC, C und D, wenn auch mit unterschiedlichen Modifikationen.[106] Nach dem Urteil wird der Emittent über die Ratingnote und die dem Ergebnis zu Grunde liegenden Überlegungen in Kenntnis gesetzt. Danach kann der Emittent über die Publikation des Ratings entscheiden. Entschließt er sich gegen eine Veröffentlichung, bleibt das Rating-Verfahren geheim. Andernfalls erfolgt eine Veröffentlichung in allen wichtigen Wirtschaftspublikationskanälen.[107] Es muss beachtet werden, dass die Agenturen i.d.R. nur dann Zahlungen vom Emittenten erhalten, wenn das Rating auch publiziert wird.[108] Ein detailliertes Rating am Beispiel der Continental AG ist Gegenstand von Anhang 1.

Mit der Publikation des Ratingergebnisses ist das Verfahren für beide Seiten noch nicht abgeschlossen. Die Phase der Überwachung bzw. Pflege des Ratings beginnt. Üblicherweise ist der Emittent weiterhin verpflichtet, der Agentur regelmäßig Informationen über die Entwicklung seiner wirtschaftlichen und finanziellen Situation zur Verfügung zu stellen. Parallel erfolgt eine kontinuierliche Markt- und Branchenüberwachung durch die Ratingagentur. Bei grundlegenden Änderungen der wirtschaftlichen oder finanziellen Verhältnisse des Emittenten oder der Branche, wird das Ratingergebnis überprüft.[109] Besteht Anlass zur Änderung der Klassifizierung, leitet die Agentur ein Überprüfungsverfahren ein. Dieses endet mit einer Bestätigung, Aufstufung (Upgrading) oder Herabstufung (Downgrading) des Ratings.[110]

### 3.3  Ratingskalen und Ausfallwahrscheinlichkeiten.

Die Ratingurteile werden ausführlich verbal begründet, letztlich aber extrem verdichtet ausgedrückt. Das Bewertungssystem reicht von „AAA" (gerings-

---

[106] Vgl. Braun/Gstach (2003), S. 62, 63.
[107] Vgl. Braun/Gstach (2003), S.63.
[108] Vgl. Michel (2010), S. 74.
[109] Vgl. Buschmeier (2011), S. 166.
[110] Vgl. Braun/Gstach (2003), S.63.

tes Ausfallrisiko) bis „D" (Totalausfall).[111] Die Skalen suggerieren monotone Veränderungen, sollten aber keinesfalls linear interpretiert werden. Empirische Untersuchungen deuten darauf hin, dass die Unterschiede im B-Bereich deutlich größer sind als im A-Bereich. Wegen regulatorischer Vorgaben ist vor allem die Unterscheidung in „Investment Grade" und „Speculative Grade" wichtig. Bei Standard & Poor's und Fitch liegt die Grenze zwischen BBB – und BB +, bei Moody's zwischen Baa 3 und Ba 1, also in dem Bereich, in dem die Bonitätssprünge besonders eklatant sind.[112] In Abbildung 5 werden die Ratingnoten langfristiger Verbindlichkeiten dargestellt.

| Einschätzung des Bonitätsrisikos | Moody's | S & P | Fitch | Grade |
|---|---|---|---|---|
| Beste Qualität, geringes Ausfallrisiko | Aaa | AAA | AAA | Investment Grade |
| Hohe Qualität, höheres Ausfallrisiko als Spitzenklasse | Aa 1 | AA + | AA + | Investment Grade |
| | Aa 2 | AA | AA | Investment Grade |
| | Aa 3 | AA - | AA - | Investment Grade |
| Gute Qualität, viele gute Investmentattribute, aber auch Elemente die sich bei veränderter Wirtschaftsentwicklung nagativ auswirken können | A 1 | A + | A + | Investment Grade |
| | A 2 | A | A | Investment Grade |
| | A 3 | A - | A - | Investment Grade |
| Mittlere Qualität, aber mangelnder Schutz gegen die Einflüsse sich verändernder Wirtschaftsentwicklung | Baa 1 | BBB + | BBB + | Investment Grade |
| | Baa 2 | BBB | BBB | Investment Grade |
| | Baa 3 | BBB - | BBB - | Investment Grade |
| Spekulative Anlage, nur mäßige Deckung für Zins- und Tilgungsleistungen | Ba 1 | BB + | BB + | Speculative Grade |
| | Ba 2 | BB | BB | Speculative Grade |
| | Ba 3 | BB - | BB - | Speculative Grade |
| Sehr spekulativ, generell fehlende Chrakteristika eines wünschenswerten Investments, langfristige Zinszahlungserwartungen gering | B 1 | B+ | B+ | Speculative Grade |
| | B 2 | B | B | Speculative Grade |
| | B 3 | B - | B - | Speculative Grade |
| Niedrigste Qualität, geringster Anlegerschutz, in Zahlungsverzug oder in direkter Gefahr des Verzugs | Caa 1 | CCC + | | Speculative Grade |
| | Caa 2 | CCC | | Speculative Grade |
| | Caa 3 | CCC - | CCC | Speculative Grade |
| | Ca | CC | | Speculative Grade |
| | | C | | Speculative Grade |
| Zahlungsausfall | C | D | DDD | Speculative Grade |
| | | | DD | Speculative Grade |
| | | | D | Speculative Grade |

*Abbildung 7: Ratingklassen und deren Aussagekraft*

*Quelle: Vgl. Bösch (2009), S. 188 in Verbindung mit www.moodys.com, www.standardandpoors.com und www.fitchratings.com.*

---

[111] Vgl. Säverin (2010), S. 10.
[112] Vgl. Beck/Wienert (2011), S. 354.

Prinzipiell kann ein Ratingurteil eine absolute oder relative Aussage über die Wahrscheinlichkeit sein, dass ein Schuldner seinen Zahlungsverpflichtungen in vollständigen Umfang und zum vereinbarten Zeitpunkt nachkommt.[113] Absolute Wahrscheinlichkeiten sind unabhängig vom allgemeinen Marktumfeld. Relative Wahrscheinlichkeiten geben eine Rangfolge an, in der Ausfälle bei einem sich verschlechterndem Gesamtmarkt zu erwarten sind. In der Regel werden Ratingurteile als relative Wahrscheinlichkeiten interpretiert.[114] Die Einstufung erfolgt nach Angaben der Agenturen unabhängig vom Konjunkturzyklus, d.h. die Fähigkeit, „normale" zyklische Schwankungen zu überstehen, wird mit geprüft.[115]

Aus der Ausfallstatistik mehrerer Jahre lässt sich ex post ermitteln, welche Ausfallwahrscheinlichkeit (in Prozent) in diesem Zeitraum mit einer bestimmten Ratingklasse verbunden war.[116] In Abbildung 6 werden die kumulierten Ausfallraten je Ratingkategorie der Agentur Moody's dargestellt.

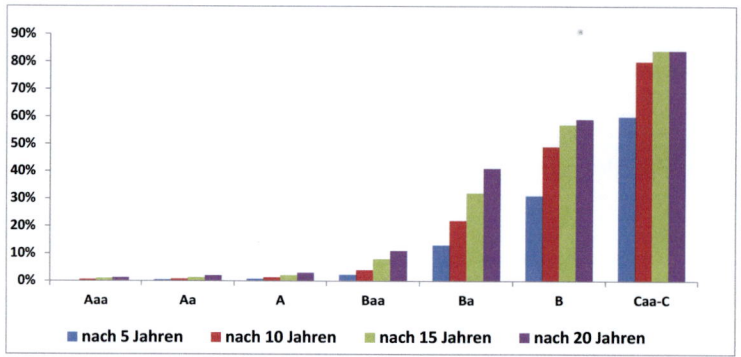

*Abbildung 8: Kumulierte Ausfallraten nach Ratingkategorie (1970 – 2001)*
*Quelle: Fons (2001), S. 7.*

---

[113] Vgl. Hunt (2009), S. 37.
[114] Vgl. Beck/Wienert (2011), S. 354, 355.
[115] Vgl. Buschmeier (2011), S. 166.
[116] Vgl. Säverin (2010), S. 11.

## 3.4 Unterschiede in der Ratingpraxis der Marktführer

Ratingagenturen besitzen für Unternehmen unterschiedlicher Branchen speziell abgestimmte Ratingmodelle mit verschieden ausgeprägten Ratingkriterien. Beispielsweise existieren für die Bewertung von Industrieunternehmen andere Modelle als für die Beurteilung von Banken. Am Beispiel von Moody's und Standard & Poor's sollen die unterschiedlichen Ratingkriterien für Industrieunternehmen aufgeführt werden. Das Model der Agentur Fitch ist mit dem von Standard & Poor's vergleichbar. Auf eine genauere Erläuterung der einzelnen Kriterien soll an dieser Stelle verzichtet werden.

Standard & Poor's unterscheidet auf oberster Ebene zunächst Geschäftsrisiken und finanzielle Risiken. Die Kriterien der Geschäftsrisiken beinhalten:[117]

- Industriecharakteristika
- Management
- Wettbewerbsposition
  - Marketing
  - Technologie
  - Effizienz
  - Regulierung

Für die finanziellen Risiken analysiert Standard & Poor's:[118]

- Finanzcharakteristika
- Finanzpolitik
- Profitabilität
- Kapitalstruktur
- Cashflow-Sicherheit
- Finanzielle Flexibilität

---

[117] Buschmeier (2011), S. 167.
[118] Buschmeier (2011), S. 167, 168.

Moody's unterteilt die oberste Ebene detaillierter und nennt folgende Kriterien:[119]

- Finanzmanagement-Risiken
  - Cashflow
  - Liquidität
  - Verschuldungsstruktur
  - Eigenkapital und Reserven
  - Finanzielle Flexibilität
- Unternehmensstruktur und Rechtsrisiken
  - Berücksichtigung angeschlossener Unternehmen
- Managementqualität
  - Planung und Kontrolle
  - Managementerfahrung
  - Nachfolgeregelung

In Abbildung 7 werden die verschiedenen quantitativen Ansätze der Ratingagenturen bei der Bewertung von sogenannten Collateralized Debt Obligations (CDOs) skizziert. Bei CDOs handelt es sich um strukturierte Finanzprodukte, die Hypotheken oder Kredite bündeln und in neue Wertpapiere mit unterschiedlichen Risiken verbriefen. Diese Papiere spielten während der Finanzmarktkrise eine wichtige Rolle. Im Ratingprozess dieser Papiere greifen die Agenturen auf rein quantitative Daten zurück.[120]

---

[119] Buschmeier (2011), S. 168.
[120] Vgl. www.ftd.de (2011b).

| | Moody's Investors Service | FitchRatings | STANDARD &POOR'S |
|---|---|---|---|
| Rating Aussage | Erwarteter Verlust Loss Given Default | Wahrscheinlichkeit für den Eintritt eines Ausfalls | Wahrscheinlichkeit für den Eintritt eines Ausfalls |
| Portfolio-modell | Binomial Expansion Technique | VECTOR Modell | CDO EVALUATOR Modell |
| Modellansatz | Portfolioebene | Einzelforderungsebene | Einzelforderungsebene |
| Verteilungs-annahme | Binomialverteilung (Ausfall) | Monte Carlo Simulation (Ausfall, Verlust) | Monte Carlo Simulation (Ausfall) |
| Simulations-zeitraum | N/A | Multi Step | Multi Step |
| Korrelationen | Diversity Score, Einzelwert (statisch) | Faktormodell, Matriy (dynamisch) | Historische Schätzung, Matriy (statisch) |
| Korrela-tionshöhe | 0,00 - 0,38 | 0,06 - 0,55 | 0,00 - 0,30 |
| Recovery Rate (US) | 30 % - 67 % | 24 % - 70 % | 15 % - 60 % |
| Ergebnis Stresstest | Erwarteter Verlust kleiner als für das Zielrating benötigt? | Ausfallwahrscheinlichkeit kleiner als für das Zielrating benötigt? | Ausfallwahrscheinlichkeit kleiner als für das Zielrating benötigt? |

*Abbildung 9: Vergleich der CDO-Ratingansätze der Agenturen*
*Quelle: Thonabauer/Nösslinger (2004), S. 45.*

Der Vergleich der quantitativen Modelle zeigt einen deutlichen Unterschied in der Philosophie der Agenturen. Moody's koppelt sein Rating an eine Aussage über den erwarteten Verlust (Loss Given Default). Zu dessen Berechnung wird ein stark analytisch geprägtes Verfahren verwendet. Standard & Poor's und Fitch verbinden mit ihrem Rating eine Aussage über die Ausfallwahrscheinlichkeit (Probability of Default). Über die Höhe des eintretenden Verlustes wird durch das Rating keine explizite Aussage gemacht. Darüber hinaus arbeiten diese beiden Agenturen stärker mit simulativen als mit analytischen Modellen und verwenden komplexe Annahmen und Parameter. Diese Tatsache gilt insbesondere für das Modell der Agentur Fitch. Hier wird neben der Ausfallwahrscheinlichkeit zusätzlich die Verlustschwere im Simulationsverfahren mit berücksichtigt, Korrelationen auf Basis eines Faktormodells berechnet und bei der Monte-Carlo-Simulation ein Multi-Step-Verfahren eingesetzt. Dass aus der höheren Modellkomplexität genauere Risikoeinschätzungen resultieren ist jedoch nicht zwingend.[121]

### 3.5 Vergleich von Ratingurteilen

In einer der bislang umfassendsten empirischen Studien analysierten die Autoren Jewell und Livingston das Wettbewerbsverhalten der großen Ratingagenturen. Datenbasis der Analyse waren US-amerikanische Straight Bonds (klassische Festzinsanleihen) im Zeitraum von Januar 1991 bis März 1997. Im Gegensatz zu vielen früheren Studien haben die Beobachtungen von Jewell und Livingston, aufgrund ihres gewaltigen Stichprobenumfangs, eine höhere Aussagekraft. In ihrer Analyse wiesen die Autoren den relativen Ratings der Agenturen absolute Zahlen zu (AAA = 1, AA+ = 2 etc.). Ein Vergleich der Mittelwerte weist für die gesamte Stichprobe im Jahr 1997 ein mittleres Rating von 10,16 für Moody's, 9,93 für Standard & Poor's sowie 7,13 für Fitch aus. Die Unterschiede bei den von allen drei Agenturen beurteilten Bonds weisen jedoch deutlich geringere Unterschiede auf. In diesen Fällen liegt zwischen dem Durchschnittsrating von Standard & Poor's (7,32), Moody's (7,21) und Fitch (6,36) keine ganze Ratingeinstufung.[122] Es bestehen also nur marginale Unterschiede in den Ratings der Anleihen, die von den drei großen Agenturen bewertet wurden.

Bei einer Betrachtung der Ratings der wichtigsten Industrie- und Schwellenländer (G 20), ergibt sich ein ähnliches Bild.

---

[121] Thonabauer/Nösslinger (2004), S. 46.
[122] Vgl. Kley (2004), S. 22, 23.

| | Fitch | Standard & Poor's | Moody's |
|---|---|---|---|
| Argentinien | B | B | B 3 |
| Australien | AA + | AAA | Aaa |
| Brasilien | BBB | BBB | Baa 2 |
| China | A + | AA - | Aa 3 |
| Deutschland | AAA | AAA | Aaa |
| Frankreich | AAA | AAA | Aaa |
| Großbritanien | AAA | AAA | Aaa |
| Indien | BBB - | BBB - | Baa 3 |
| Indonesien | BB + | BB | Ba 2 |
| Italien | A + | A | A 2 |
| Japan | AA | AA - | Aa 3 |
| Kanada | AAA | AAA | Aaa |
| Mexico | BBB | BBB | Baa 1 |
| Russland | BBB | BBB | Baa 1 |
| Saudi-Arabien | AA - | AA - | Aa 3 |
| Südafrika | BBB + | BBB + | A 3 |
| Südkorea | A + | A | A 1 |
| Türkei | BB + | BB | Ba 2 |
| USA | AAA | AA + | Aaa |

*Abbildung 10: Ratings der wichtigsten Industrie- und Schwellenländer (G 20)*
*Quelle: Eigene Darstellung mit Daten der Börsen-Zeitung vom 07.01.2012.*

Die Ratings pro Land unterscheiden sich um maximal eine Ratingeinstufung. Weißt man den Ratings, wie Jewell und Livingston, absolute Zahlen zu, ergibt sich ein Durchschnittsrating für Fitch von 5,84, für Standard & Poor's von 6,05 und für Moody's von 5,84. Die maximale Differenz liegt bei gerade einmal 0,21.[123] Herauszuheben ist jedoch die Herabstufung der USA durch die Agentur Standard & Poor's im August 2011. Seit dem Aufkommen der Staatsratings im Jahr 1941 besaßen die Vereinigten Staaten ohne Unterbrechung die Bestnote „AAA".[124] Standard & Poor's begründete den Entzug der Top-Bonität damit, „(…) *dass die Effektivität, Stabilität und Berechenbarkeit der amerikanischen Politik und politischen Institutionen in einer Zeit andauernder fiskalischer und wirtschaftlicher Herausforderungen geschwächt worden sind"*[125]

---

[123] Vgl. Anhang 2 zur Berechnung der Durchschnittsratings.
[124] Vgl. Pitzke (2011).
[125] Pitzke (2011).

## 3.6 Zusammenfassung

Bei den Ratingarten spielen vor allem Emittenten-, Emission- und Länderratings eine wichtige Rolle. Länderratings erhalten durch das Konzept des
„Sovereign Ceilings" eine besondere Funktion, da sie als Obergrenze für die
Einstufung sämtlicher Emittenten mit Sitz in dem betreffenden Staat fungieren.

Der Ablauf des Ratingprozesses läuft bei allen Agenturen ähnlich ab. Er
teilt sich mit Vorphase, quantitativer Analyse, qualitativer Analyse sowie
Ratingfestlegung und Überwachung in vier Schritte auf. Für die Bewertung
von Unternehmen unterschiedlicher Branchen verwenden die Agenturen
speziell abgestimmte Ratingmodelle mit verschieden ausgeprägten Ratingkriterien. Des Weiteren gibt es von Agentur zu Agentur Unterschiede in den
Bewertungsmodellen. Besonders auffällig sind die Differenzen in der Bewertung von Collateralized Debt Obligations zwischen Moody's auf der
einen und Standard & Poor's sowie Fitch auf der anderen Seite. Den Unterschieden zum Trotz, führen die verschiedenen Modelle der Agenturen vor
allem bei der Bewertung von klassischen Festzinsanleihen und Staaten
i.d.R. zu identischen Ergebnissen. Gründe dafür können in der hohen Gewichtung der quantitativen Kriterien und in der sorgfältigen Arbeit der
Agenturen liegen. Die Vermutung ist begründet, da wissenschaftliche Studien belegen, dass Ratings der großen Agenturen mit wenigen Finanzkennzahlen reproduzierbar sind. Durch die Einbeziehung interpretierbarer qualitativer Faktoren ergeben sich trotzdem gewisse Spielräume bei der Bewertung.

Der Fakt, dass die Agenturen zu fast identischen Ergebnissen kommen,
kann aber auch andere Gründe haben. Im folgenden Kapitel sollen aktuelle
Interessenkonflikte sowie Effizienzprobleme im Ratingmarkt dargestellt und
diskutiert werden. Anschließend soll untersucht werden, wie die angeführ-
ten Probleme den Ausgang des Ratingprozesses beeinflussen können.

# 4 Effizienzprobleme im Ratingmarkt

## 4.1 Ratingagenturen in der Principal-Agent-Betrachtung

Die Principal-Agent-Theorie modelliert die in der arbeitsteiligen Wirtschaft permanent auftretende Beziehung zwischen einem Auftraggeber (Principal) und einem Auftragnehmer (Agent). Bei der Ausführung seiner Tätigkeit, verfügt der Agent über einen gewissen Entscheidungsspielraum und beeinflusst das Wohlergehen des Principals. Hauptcharakteristikum der Theorie ist das Vorhandensein von Informationsasymmetrie zwischen Auftraggeber und Auftragnehmer. Aufgrund der Tatsache, dass der Agent seine Fähigkeiten, Anstrengungen, Kenntnisse, Absichten und Motive besser beurteilen kann als der Principal, verfügt er über einen Informationsvorsprung.[126] Aus dieser Informationsasymmetrie resultieren für den Principal folgende Risikoformen:[127]

- Qualitätsunsicherheit
- Hold-Up
- Moral Hazard

Qualitätsunsicherheit bedeutet, dass der Principal ex-ante den Agenten hinsichtlich seiner Qualitätsmerkmale nicht beurteilen kann. Bei Hold-Up handelt es sich um die Einschätzung der Absichten des Vertragspartners. Diese sind für den Principal nur schwer bzw. unmöglich zu ermitteln. Moral Hazard betrachtet die ex-post Perspektive und ist Ausdruck für die mangelnde Analysemöglichkeit des Verhaltens des Agenten durch den Principal nach Abschluss des Vertrages.[128]

Da die Theorie sowohl Principal als auch Agent im Sinne des Homo Oeconomicus als rationale Nutzenmaximierer betrachtet, kann der „Entscheidungsspielraum" des Agenten zum Problem werden. Es wird unterstellt das

---

[126] Vgl. Rosenbaum (2004), S. 6.
[127] Vgl. Morkötter/Westerfeld (2008), S. 394.
[128] Vgl. Morkötter/Westerfeld (2008), S. 394.

der Agent typischerweise nicht bestmöglich das Interesse des Principals verfolgt.[129]

Das Aufeinandertreffen von Ratingagentur, Kapitalnehmer und Kapitalgeber lässt sich als (mehrstufige) Principal-Agent-Beziehung deklarieren.

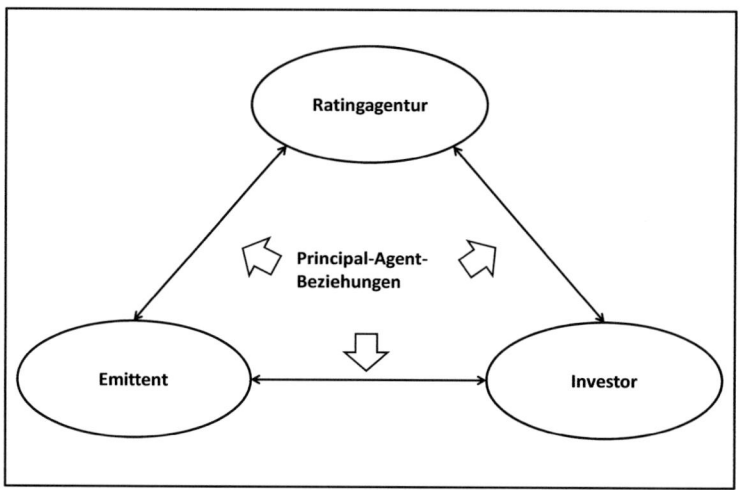

*Abbildung 11: Principal-Agent-Beziehung im Ratingprozess*
*Quelle: Morkötter/Westerfeld (2008), S. 394.*

Die erste Principal-Agent-Beziehung besteht zwischen Investor (Principal) und Emittenten (Agent). Mit der Kapitalbereitstellung delegiert der Investor die Verwaltung der Mittel an den Emittenten. Da Moral Hazard und Hold-Up sich aus Investorensicht durch vertragliche Regelungen mindern lassen, bleibt vor allem das Risiko der Qualitätsunsicherheit. Deshalb wird die bis dahin eindimensionale Principal-Agent-Betrachtung um die Ratingagentur erweitert.[130]

Die Agentur wird zum Agent des Investors, der von dieser eine Reduktion der Schädigungsmöglichkeiten durch den Emittenten erwartet. Gleichzeitig

---

[129] Vgl. Rosenbaum (2004), S. 6.
[130] Vgl. Morkötter/Westerfeld (2008), S. 394.

wird die Agentur zum Principal des Emittenten, da sie von ihm vollständige und richtige Informationen erhalten will, um ihrer Rolle als Informationsversorger ihres Principals gerecht zu werden.[131]

Da der Emittent ein gesteigertes Interesse an einem guten Rating besitzt, besteht der Anreiz, der Agentur manipulierte Informationen zu übermitteln bzw. die Analysten in anderer Weise zu beeinflussen. Darüber hinaus wird angeführt, dass die Qualität der Ratings durch die Abhängigkeit der Agenturen von den Emittenten geschwächt wird, weil die Emittenten, und nicht etwa die Investoren, für das Rating bezahlen. Dadurch besteht die Gefahr, dass Emittenten sich gute Ratings erkaufen (Rating-Shopping)[132].

Konflikte können auch aus dem Verhältnis zwischen Investor und Agentur auftreten. Als ein nach gewinnstrebendes Unternehmen hat die Agentur ein Interesse, ihren Ressourceneinsatz für das Rating möglichst gering zu halten, worunter Qualität und Aktualität leiden könnten.[133]

## 4.2    Potentielle Interessenkonflikte und Ineffizienzen

### 4.2.1    Ratingshopping

Zahlreiche schwerwiegende Probleme auf dem Ratingmarkt resultieren aus einer Entwicklung der 1970er Jahre. Bis dahin war es üblich, dass die Investoren für Bonitätsbeurteilungen der Emittenten zahlten. Durch regulatorische Vorgaben und das Aufkommen der ersten Kopiergeräte war es für die Agenturen lukrativer, ihr Gebührenmodell umzustellen. Ab diesen Zeitpunkt musste der Emittent für seine Bewertung bzw. für die Bewertung von ihm ausgegebener Anleihen zahlen.[134]

Als Informationsmediatoren sollten Ratingagenturen sowohl die Interessen der bewerteten Emittenten als auch die der Wertpapierkäufer beachten. Auf

---

[131] Vgl. Rosenbaum (2004), S, 6, 7.
[132] Vgl. Beck/Wienert (2011), S. 356.
[133] Vgl. Rosenbaum (2004), S. 8.
[134] Vgl. Elschen/Lieven (2009), S. 102.

Grund des verwendeten Vergütungsmodells (der Emittent zahlt) besteht das Risiko des sogenannten Ratingshopping, also die bewusst bessere Bewertung eines Emittenten, um einen Ratingauftrag zu bekommen („Gefälligkeitsgutachten").[135]

Ein Beispiel für Ratingshopping sollen die unterschiedlichen Verhaltensweisen von Standard & Poor's und Moody's bei der Bewertung der mexikanischen Bonität Anfang 2000 sein. Während Standard & Poor's die Bonität als „Speculative Grade" einstufte, stelle Moody's ein Upgrade in Aussicht. Dies begrüßte die mexikanische Regierung. Bei darauf folgenden Emissionen mexikanischer Anleihen erhielt Moody's den Rating-Auftrag.[136] Aus empirischen Untersuchen ergeben sich zahlreiche weitere Hinweise auf Ratingshopping.[137]

Allerdings lassen sich Beispiele aufführen, die zu anderen Schlussfolgerungen führen. Das Verhalten von Standard & Poor's gegenüber der Münchner Rück, immerhin größter Rückversicherer der Welt, deutet auf das Gegenteil von Rücksichtnahme hin. Standard & Poor's drohte mit der Herabstufung des Rückversicherers auf „BBB", sollte dieser bis Ende 2004 keine Kapitalerhöhung vollziehen. Der Konzern widersprach zwar, dass sich seine Geschäftspolitik von einer Ratingagentur beeinflussen lasse, stockte aber zur Abwehr einer Abstufung sein Kapital wenige Wochen später auf.[138]

Zusätzlich spricht das Reputationsargument gegen solche „Gefälligkeitsgutachten". Die Reputation von Unternehmen, welche Vertrauensgüter herstellen, ist deren bedeutendstes Geschäftskapital. Ratings sind Güter, bei denen zum Erwerbszeitpunkt für den Käufer Unsicherheit über deren Qualität besteht. Das Interesse Reputationskapital aufzubauen, wirkt dem Anreiz zum Ratingshopping entgegen.[139]

---

[135] Vgl. Beck/Wienert (2011), S. 356.
[136] Vgl. Rosenbaum (2004), S. 7.
[137] Vgl. Beck/Wienert (2011), S. 356.
[138] Vgl. Rosenbaum, (2004), S. 7, 8.
[139] Vgl. Beck/Wienert (2011), S. 356.

In der Literatur wird häufig diskutiert, ob eine veränderte Marktsituation das Problem reduzieren könnte. Gäbe es durch mehr Wettbewerber eine stärkere Konkurrenz um Aufträge, gäbe es trotz des Risikos des Reputationsverlustes Anreize zu einem Wettstreit um die beste Beurteilung. Auf Grund dieser Annahme sei das beobachtete Oligopol der Ratingagenturen von Vorteil. Dem kann entgegengehalten werden, dass Reputationsverluste im Oligopol nicht sehr bedeutsam sind, da die Nachfrager ohnehin kaum Ausweichmöglichkeiten haben.[140]

Fasst man theoretische Argumente und empirische Befunde zusammen, ist der Vorwurf des Ratingshoppings nicht grundsätzlich von der Hand zu weisen. Das tatsächliche Ausmaß bleibt jedoch strittig.[141]

### 4.2.2 Ratingagenturen beurteilen nach Umsatz

In ihrer Studie „Credit Rating across Asset Classes: A=A?" fanden die amerikanischen Wissenschaftler Cornaggia, Cornaggia und Hund heraus, dass die Bewertung eines Wertpapieres direkt mit dem Geld zusammenhängt, dass die Agentur mit dem Emittenten verdient. Darüber hinaus kommen sie zu dem Schluss, dass die Noten nicht über alle Anlageklassen hinweg vergleichbar sind. Staats- und Unternehmensanleihen werden bei der ersten Benotung deutlich härter Bewertet als etwa strukturierte Papiere. Damit wird der Aussage der Agenturen widersprochen, dass sie ein einheitliches Notensystem über alle Anlageklassen verwenden. Die Daten, auf welche sich die Wissenschaftler stützen, wurden aus Bewertungen der Agentur Moody's der Jahre 1980 bis 2010 generiert, sollen aber repräsentativ für die gesamte Branche sein.[142]

Für das Rating einer Unternehmensanleihe im Volumen von 500 Mio. Dollar berechnen Moody's und Standard & Poor's ca. 250.000 Dollar. Das Rating einer vergleichbaren Anleihe eines Bundesstaates kostet ca. 115.000

---

[140] Vgl. Beck/Wienert (2011), S. 356.
[141] Vgl. Beck/Wienert (2011), S. 356.
[142] Vgl. Cornaggia/Cornaggia/Hund (2011), S. 2.

Dollar. Die Ratings für Länder wie Deutschland. Frankreich und Italien werden von den Agenturen unentgeltlich erstellt. Den meisten Umsatz erwirtschaften die Agenturen jedoch mit strukturierten Papieren. Bis zu 750.000 Dollar berechnete bspw. Standard & Poor's für die Benotung von Collateralized Debt Obligations.[143]

In der Studie dokumentieren die Forscher, dass die Ratings für strukturierte Produkte am großzügigsten sind, die für Staatsanleihen am strengsten. Im Vergleich zu klassischen Anleihen generieren strukturierte Finanzprodukte den Agenturen höhere Umsätze und erhalten auch deutlich bessere Noten. Im Gegenzug bringen Staaten und Gemeinden sehr wenig Umsatz und erhalten deutlich schlechtere Ratings als bspw. Unternehmen. Aufgrund dieser Erkenntnisse kommen die Wissenschaftler zu dem Ergebnis, dass Ratingstandards invers mit dem erzielten Umsatz korreliert sind.[144] Die Studie wird durch Einschätzungen eines permanenten Untersuchungsausschuss des US-Senats aber auch durch Daten der Agentur Fitch gestützt.[145]

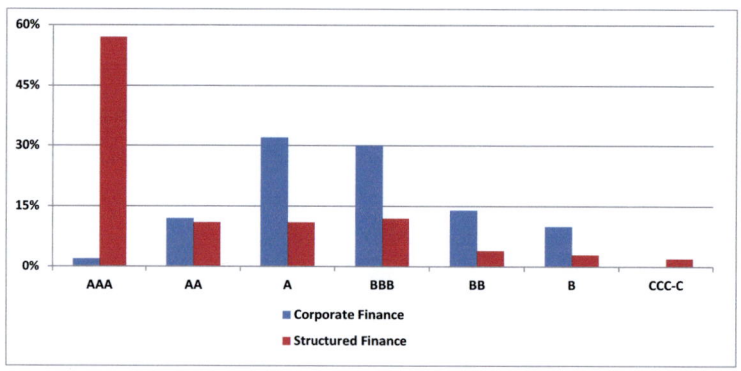

*Abbildung 12: Ratingverteilung von Unternehmensanleihen und strukturierten Finanzprodukten*

*Quelle: Vgl. Fitch (2007), S. 13.*

---

[143] Vgl. www.ftd.de (2011b).
[144] Vgl. Cornaggia/Cornaggia/Hund (2011), S. 2, 3.
[145] Vgl. Cornaggia/Cornaggia/Hund (2011), S. 4, 5.

Aus Abbildung 12 geht hervor, dass die Mehrzahl strukturierter Finanzprodukte Mitte 2007 mit „AAA" geratet war, wohingegen der Großteil klassischer Unternehmensanleihen lediglich mit „A" bzw. „BBB" bewertet war.

Durch das Vorgehen der Agenturen fließt mehr Geld in riskante Anlagen wie CDOs als in sichere Anlagen wie Bonds von Gebietskörperschaften. Im weiteren Verlauf der Studie stellten die Forscher fest, dass „AAA" geratete Unternehmensanleihen häufiger ausgefallen sind als Staatsanleihen mit der um sechs Stufen tiefer liegenden Note „A". Während die Ausfallrate bei „A" geraten Unternehmensanleihen über einen Zeitraum von 30 Jahren bei 1,8 Prozent lag, sind im gleiche Zeitraum keine der beobachteten und „A" gerateten Staatsanleihen ausgefallen. Bei forderungsunterlegten „A"-Anleihen wie bspw. Hypothekenpapieren lag die Ausfallrate bei 27,2 %.[146]

### 4.2.3 Herdenverhalten

Orientieren sich Marktteilnehmer am Verhalten anderer Marktteilnehmer, spricht man von Herdenverhalten. Dies liegt häufig daran, dass man selbst über keine belastbaren Informationen verfügt, aber davon ausgeht, andere Marteilnehmer („Profis") hätten diese. In diesem Fall ist es rational, sich dem Verhalten der anderen anzuschließen. Die Folge ist, dass alle wie in einer Herde dem Leittier folgend in die gleiche Richtung laufen. Solch ein Verhalten würde die Effizienz der Finanzmärkte generell in Frage stellen und zu Übertreibungen bzw. spekulativen Blasen führen.[147]

Auf Moody's und Co. bezogen sind unter Herdenverhalten die i.d.R. gleichen Bewertungen der Agenturen zu verstehen. Zum einen kann diese Tatsache an ähnlichen Bewertungskriterien und sorgfältiger Arbeit liegen, aber auch daran, dass sie sich aneinander orientieren. Letzteres dürfte auch der Qualität der Bewertungen abträglich sein. Es gibt gewichtige Argumente die für eine solche Praxis sprechen. Ähnliche Urteile wirken für die Agenturen

---

[146] www.ftd.de (2011b).
[147] Vgl. Beck/Wienert (2011), S. 356.

aufwandsverringernd, da abweichende Einstufungen gegenüber der Öffentlichkeit viel aufwendiger begründet werden müssten. Ferner können gegenseitig angelehnte Ratings mit Risikominimierung erklärt werden. Gibt man im Gegensatz zu den Konkurrenten eine falsche Bewertung ab, leidet die Reputation der Agentur, aufgrund des hohen Aufmerksamkeitswerts, sehr stark darunter. Sollte man wie die Konkurrenz falsch liegen, ist der Aufmerksamkeitswert weit geringer.[148]

Eine weitere Erklärung für die sehr ähnlichen Ratings der Agenturen könnte sein, dass deren Analysten nicht zukunfts-, sondern vergangenheitsorientiert urteilen. Da die Vergangenheit unstrittig ist, können gleiche Ratings nicht verwundern. Für zukünftige Entwicklungschancen eröffnet sich ein sehr breites Beurteilungsspektrum, welches völlig konforme Beurteilungen i.d.R. nicht zulassen würde.[149]

### 4.2.4 Unsolicited Ratings als strategisches Mittel

Agenturen werden nicht nur im Auftrag tätig, sie publizieren auch auftragslose und unentgeltliche Bewertungen. Sie produzieren quasi öffentliche Güter, da niemand von diesen Informationen ausgeschlossen wird und auch keine Konsumrivalität besteht. Agenturen führen solche Ratings durch, um bspw. eine solide Referenzbasis für eine untersuchte Branche zu erhalten. Durch unsolicited Ratings können Emittenten aber auch dazu gedrängt werden, Ratings zu beauftragen, um ungünstige Beurteilungen zu vermeiden. So schlüssig das Argument ist, zwingende empirische Beweise liegen dafür jedoch nicht vor.[150]

Darüber hinaus besitzen unsolicited Ratings positive wettbewerbspolitische Wirkungen. Für kleinere Agenturen sind sie ein Mittel um im Markt bekannt zu werden. Des Weiteren können sie die Gefahr des Ratingshoppings

---

[148] Vgl. Beck/Wienert (2011), S. 356.
[149] Vgl. Beck/Wienert (2011), S. 356.
[150] Vgl. Beck/Wienert (2011), S. 357.

reduzieren: In größerem Maße von kleinen Wettbewerbern erstellt, können sie „erkaufte" positive Bewertungen der Konkurrenz kompensieren.[151]

### 4.2.5 Konformitätsdruck durch Ratings

Wenn Ratingagenturen Unternehmen nach einem festen Kriterienkatalog überprüfen, kann dieser Branchenstandards aufstellen, die nicht erstrebenswert sein müssen. Decken die Analysen der Agenturen Schwachstellen im Unternehmen auf, kann die Leitung reagieren, die Mängel korrigieren und so die Ausfallwahrscheinlichkeit im Interesse der Investoren reduzieren. Diesem positiven Element des Prüfverfahrens kann entgegnet werden, dass die Agenturen ein gleichgerichtetes Verhalten fördern. Sie geben jedem Management die gleichen Hinweise, welche Art von Maßnahmen die Bewertung verbessert. Im Interesse eines guten Ratings werden solche Hinweise übernommen, auch wenn sie die Gesamtentwicklung des Unternehmens nicht verbessern. Das kann dazu führen, dass ein und dieselbe Management Philosophie in jedem Unternehmen umgesetzt wird, um den Druck der Agenturen zu entsprechen. Das Resultat wäre portfoliotechnisch eine Klumpenbildung. Sollte die umgesetzte Strategie fehlschlagen, wäre davon nicht nur ein, sondern viele Unternehmen betroffen.[152]

Zusätzlich haben Ratingagenturen in der Vergangenheit entgeltliche Beratungsdienstleistungen für von Ihnen zu bewertende Produkte angeboten. Diese Tatsache bietet ein großes Konfliktpotential, sollte sich nachträglich herausstellen, dass ein solches Produkt zu gut bewertet war.[153]

### 4.2.6 Prozyklische Konzeption des Ratings

Erst wenn die Agenturen eine dauerhaft negative Unternehmens- bzw. Landesentwicklung unterstellen, wird das Rating geändert. Dies führt zu einer großen Zeitstabilität, allerdings reagieren die Ratings sehr träge auf Verän-

---

[151] Vgl. Beck/Wienert (2011), S. 357.
[152] Vgl. Beck/Wienert (2011), S. 357.
[153] Europäisches Parlament und Rat der Europäischen Union (2009), S. 25.

derungen. Diese langfristig orientierte Bewertungspolitik der Ratingagenturen (Through-the-Cycle) kann zur Stabilisierung der Märkte beitragen. Jedoch entspricht sie in konjunkturell problematischen Situationen nicht den Erwartungen der Investoren.[154] In diesem Punkt unterscheidet sich das Rating der Agenturen deutlich von dem der Banken. Das Rating der Kreditinstitute ist darauf ausgerichtet, alle zum Zeitpunkt der Beurteilung erkennbaren Risiken zu erfassen, was stärkere zyklische Schwankungen der Bonität zur Folge hat.[155]

In gesamtwirtschaftlich kritischen Situationen wirkt das Verhalten der Agenturen prozyklisch, d.h. mit den Herabstufungen von Ländern und Unternehmen werden Trigger-Effekte ausgelöst, welche den negativen Trend weiter verstärken.[156] Besonders in der Asienkrise Ende der Neunzigerjahre aber auch in der Finanzmarktkrise 2008 ist die Qualität der Ratings und deren zu langsame Anpassung scharf kritisiert worden. Unter dem Eindruck der Finanzmarktkrise attestiert der Sachverständigenrat zur Begutachtung der gesamtwirtschaftlichen Situation den Agenturen sogar „völliges Versagen" da sie u.a. Ratings erst mit immenser Verzögerung angepasst haben.[157]

### 4.2.7 Haftung der Ratingagenturen

Die Haftungsproblematik von Agenturen für ihre Ratings ist sehr umfassend und komplex.[158] Eine systematische Übersicht würde den Rahmen dieser Arbeit sprengen. Deswegen soll an dieser Stelle nur ein kurzer Überblick gegeben werden.

Zunächst muss berücksichtigt werden, wer etwaige Haftungsansprüche gegenüber den Agenturen stellen kann. Im Falle eines zu niedrigen Ratings sind es die Emittenten, die unter höheren Finanzierungskosten aufgrund der

---

[154] Vgl. Buschmeier (2011), S. 16.
[155] Vgl. Beck/Wienert (2011), S. 357.
[156] Vgl. Rosenbaum (2008), S. 31.
[157] Vgl. Beck/Wienert (2011), S. 357.
[158] Vgl. Blaurock (2007), S. 628.

zu schlechten Ratingnote leiden.[159] Im umgekehrten Fall eines zu hohen Ratings oder einer zu späten Anpassung des Ratings sind es die Investoren, die geschädigt werden.[160] Ferner hängt die Haftung der Agenturen davon ab, ob die Ratingerstellung vom Emittenten beauftragt war (Solicited Rating) oder nicht (Unsolicited Rating). Vertragliche Haftungsansprüche entstehen bei einem Solicited Rating, außervertragliche Ansprüche bei einem Unsolicited Rating.[161]

Des Weiteren muss berücksichtigt werden, dass es sich bei der Vergabe einer Ratingnote nicht um eine reine Tatsachenbehauptung handelt. Es wird lediglich eine Prognose über die zukünftige Zahlungsbereitschaft bzw. -fähigkeit eines Schuldners abgegeben.[162] Aus diesem Grund verlangen die Agenturen einen Schutz vor Haftung und berufen sich auf den ersten Zusatzartikel zur Verfassung der Vereinigten Staaten (Meinungsfreiheit). Daraus resultierend haften sie nur, wenn ihnen Anspruchsteller Arglist oder grobe Fahrlässigkeit nachweisen können.[163]

### 4.3 Der Einfluss von Ineffizienzen auf das Ratingergebnis

Wie in Punkt 3.5 bereits dokumentiert wurde, unterscheiden sich die Ratingurteile der Agenturen gerade in Bezug auf klassische Festverzinsliche Anleihen und Länderrating nicht bzw. nur marginal. Dies kann, wie schon erwähnt, mit der hohen Gewichtung unbestreitbarer quantitativer Kriterien und einer sorgfältigen Arbeit der Agenturen zusammenhängen. Ein weiterer Grund kann aber auch am Einfluss im Ratingmarkt bestehender Ineffizienzen liegen. Darum soll im Folgenden der Einfluss ausgewählter Ineffizienzen auf das i.d.R. ähnliche Ratingergebnis bewertet werden.

---

[159] Vgl. Blaurock (2007), S. 629.
[160] Vgl. Blaurock (2007), S. 634.
[161] Vgl. Schulz (2009), S. 24.
[162] Vgl. Blaurock (2007), S. 628.
[163] Vgl. Schulz (2009), S. 25.

| Ineffizienz | Einfluss auf das Ratingergebnis | Begründung |
|---|---|---|
| Ratingshopping | Hoch | Durch die Problematik des Ratingshoppings können Abitrageeffekte auftreten die zu ähnlichen bzw. identischen Ratings führen |
| Herdenverhalten | Hoch | Ähnliche Urteile wirken für die Agenturen aufwandsminimierend und risikoreduzierend |
| Ratingagenturen beurteilen nach Umsatz | Hoch | Um an lukrative Aufträge zu kommen besteht, wie beim Ratingshopping, die Gefahr von Abitrageeffekten |
| Konformitätsdruck durch Ratings | Mittel | Bei Ähnlichkeiten in den durch die Agenturen vorgegebenen Strategien, besteht grundsätzlich die Möglichkeit identischer Ratingnoten |
| Haftung der Agenturen | Hoch | Unklare Haftungsverhätnisse und die Chance sich auf die Meinungsfreiheit zu berufen, fördern das opportunistische Verhalten der Agenturen |

*Abbildung 13: Einfluss von Ineffizienzen auf das Ratingergebnis*
*Quelle: Eigene Darstellung.*

## 4.4 Zusammenfassung

Ratingagenturen stehen mit ihrer Geschäftstätigkeit im Spannungsfeld einer mehrdimensionalen Principal-Agent-Beziehung. Sie nehmen die Rolle des Agenten gegenüber dem Investor und die Rolle des Principals gegenüber dem Emittenten ein. Der Investor verspricht sich durch das Rating eine Reduktion der Schädigungsmöglichkeiten durch den Emittenten. Dieser wiederum besitzt großes Interesse an einem guten Rating. Bei der Ratingerstellung ist die Agentur, in ihrer Rolle als Principal, auf die vollständigen und korrekten Informationen des Emittenten angewiesen. Darüber hinaus befindet sie sich aufgrund ihres Gebührenmodells in einem Abhängigkeitsverhältnis zum Emittenten. Da die Agenturen privatwirtschaftliche Unternehmen sind und ihnen nutzenmaximierendes Verhalten im Sinne des Homo Oeconomicus unterstellt wird, ist davon auszugehen, dass sie im Zweifel nicht im bestmöglichen Interesse ihres Principals handeln werden. Aus der Principal-Agent-Beziehung, dem Geschäftsmodell der Agenturen, der oligopolistischen Marktstruktur und den unklaren Haftungsverhältnissen resultieren potentielle Probleme, wie bspw. das Ratingshopping, die umsatzabhängige Bewertung und das Herdenverhalten, die allesamt den Ausgang des Ratingprozesses beeinflussen können.

Im folgenden Kapitel soll die Rolle der Ratingagenturen in aktuellen wirtschaftlichen Krisen, unter Beachtung der identifizierten Probleme, kritisch hinterfragt werden. Als Beispiel dienen die Finanzmarktkrise sowie die Staatsschuldenkrise in Europa.

# 5 Verhalten von Ratingagenturen in ausgewählten Krisen

## 5.1 Finanzmarktkrise

### 5.1.1 Entstehen der US-Immobilienkrise

Nach dem Platzen der Dotcom-Spekulationsblase Ende 2000 befürchtete die amerikanische Federal Reserve (Fed) eine Deflation. Um die Konjunktur zu stützen senkte sie den Leitzins innerhalb kurzer Zeit von 6,5 auf 3,5 %. Nach den Terroranschlägen des 11. September 2011 wollte die Fed deren wirtschaftliche Auswirkungen reduzieren und senkte die Zinsen weiter – bis auf 1 % im Juli 2003. Mit dem Fallen der langfristigen Zinsen, kündigten Millionen Amerikaner ihre bisherigen Hypotheken und refinanzierten sich zu einem geringeren Zins. Folglich stand ihnen mehr Geld für Konsum zur Verfügung. Das niedrige Zinsniveau steigerte die Nachfrage und damit den Preis von Immobilien, die damit auch zu einem begehrten Spekulationsobjekt wurden. Die steigenden Preise auf dem Immobilienmarkt erleichterten die Beleihung der Objekte und damit die Kreditfinanzierung, was wiederum dazu führte, dass die allgemeine Konsumentwicklung anzog. In der Folge erwarben sogar Bürger mit geringeren Einkommen Immobilien und andere Konsumgüter auf Kredit. Es entstanden sogenannte Subprime-Kredite, welche an Schuldner mit niedriger Bonität und teilwiese ohne Einkommensnachweis vergeben wurden. Die Kreditvergabe beruhte auf der Annahme immer weiter steigender Immobilienpreise und der Schlussfolgerung, dass selbst bei einem Ausfall des Kunden der Wert der Immobilie den ausstehenden Kreditbetrag übersteigen würde.[164]

Ab Mitte 2006 begann, in Folge eines Überangebotes, der Verfall der Preise am Immobilienmarkt. Darüber hinaus begannen sich Zinserhöhungen der Fed auf die Immobilienfinanzierung auszuwirken. Durch die gestiegenen Kapitalmarktzinsen stieg die Zins- und Tilgungslast der überwiegend variabel vergebenen Immobilienkredite stark an. Viele Schuldner konnten ihren Annuitätsverpflichtungen nicht mehr ordnungsgemäß nachkommen. Die

---

[164] Vgl. Schulz (2009), S. 2, 3.

Immobilienpreise fielen weiter, Zwangsversteigerungen häuften sich und bei den großen Hypothekenbanken, wie Fannie Mae und Freddie Mac, stieg die Kreditausfallrate stark an.[165]

Da Subprime-Kredite über strukturierte Anlageformen am Kapitalmarkt refinanziert wurden, blieb die Krise nicht auf den Immobilienmarkt beschränkt.

### 5.1.2 Verbriefung und Weitergabe von Krediten

Durch die Verbriefung von Subprime-Krediten konnten diese auf den weltweiten Finanzmärkten platziert werden. Im Folgenden sollen die Verbriefungstransaktion und die dadurch mögliche Verbreitung der riskanten Kredite grob skizziert werden.

Ziel der Kreditverbriefung (Credit Securitisation) ist es, illiquide Forderungsbestände bzw. Kreditrisiken in handelbare Wertpapiere zu transformieren. Dazu werden selektierte und abgrenzte Forderungspositionen zu einen Referenzportfolio zusammengefasst und an eine dafür gegründete Zweckgesellschaft verkauft. Hier erfolgt eine Tranchierung des Portfolios in Risikoschichten (Senior, Mezzanine und Junior), dabei werden die einzelnen Tranchen zumeist von mehreren Ratingagenturen hinsichtlich ihres Bonitätsrisikos beurteilt. Danach werden die Kredite beziehungsweise Kreditrisiken an Dritte transferiert, indem die Zweckgesellschaft Wertpapiere emittiert, die mit Zahlungsansprüchen aus den Krediten besichert sind.[166] Der detaillierte Vorgang der Verbriefungsaktion wird in Anhang 3 beschrieben.

Der zentrale Aspekt dieser Transaktion ist die Tranchenbildung. Auf diese Weise können mehrere Wertpapierklassen geschaffen werden, deren Rating

---

[165] Vgl. Schulz (2009), S. 3.
[166] Vgl. Michel (2010), S. 21.

über dem durchschnittlichen Rating der Assets im Besicherungsportfolio liegt.[167]

Für alle Tranchen wurden Investoren gefunden. Da „AAA" oder „AA" geratete Tranchen mehr Rendite als ebenso geratete Staatsanleihen generierten, war gerade die Nachfrage von Seiten der regulierten Unternehmen hoch. Besonders risiko- und renditehungrige Investoren, wie Hedgefonds, kauften die Tranchen mit schlechteren Ratings auf.[168]

### 5.1.3 Zusammenbruch des Verbriefungsmarktes

Anfang 2007 führten die immer häufiger werdenden Kreditausfälle im Subprime-Markt zu Einbrüchen bei Wert- und Hypothekenpapieren. Eine Kettenreaktion wird in Gang gesetzt. Als erstes sind die vornämlich Kreditfinanzierten Hedgefonds betroffen, welche die riskantesten Tranchen hielten. Sie mussten große Positionen abschreiben und gerieten teilweise in existenzielle Bedrängnis. Als die Ratingagenturen ab Mitte des Jahres 2007 mit der Herabstufung der mit Subprime-Krediten besicherten Wertpapieren begannen, brach der Markt für strukturierte Produkte zusammen. Trotz fallender Preise konnte, durch die Unsicherheit über die Bonitätsbeurteilungen, keine Nachfrage nach den Papieren generiert werden. Durch die massiven weltweiten Kapitalverflechtungen blieb auch der Rest der Welt von der Krise nicht unberührt. Vor allem die Banken bekamen die Auswirkungen der Krise zu spüren. Auch sie besaßen betroffene Papiere und mussten diese in großem Maße abschreiben. Es kam zu einem massiven Vertrauensverlust in der Bankbranche. Die Institute konnten nicht einschätzen, wer welche Risiken in der Bilanz hatte. In Folge dessen brach der Interbankenhandel zusammen. Die Nachfrage nach Liquidität vergrößerte sich. Unternehmen erhielten keine Kredite mehr oder nur noch zu ungünstigen Konditionen. Damit weitete sich die Krise auf die Realwirtschaft aus.[169]

---

[167] Vgl. Michel (2010), S. 28.
[168] Vgl. Schulz (2009), S. 8.
[169] Vgl. Schulz (2009), S. 11.

Der Zusammenbruch des US-Immobilienmarktes löste eine Wirtschaftskrise von einem Ausmaß aus, welche es seit 1929 nicht mehr gegeben hatte.

### 5.1.4   Kritische Würdigung der Rolle der Ratingagenturen

Im Zusammenhang mit der Finanzmarktkrise werden den Agenturen zwei wesentliche Vorwürfe gemacht. Zum einen sollen sie die Krise durch die fehlerhafte Bewertung strukturierter Finanzprodukte mitverursacht haben.[170] Zum anderen sollen sie zu spät auf die neuen Entwicklungen im Marktsegment der Subprime-Hypothekenfinanzierung reagiert haben und dann mit massiven Abwertungen die Krise verschlimmert haben.[171]

Die Überbewertung strukturierter Papiere lässt sich aus Daten des Internationalen Währungsfonds entnehmen.

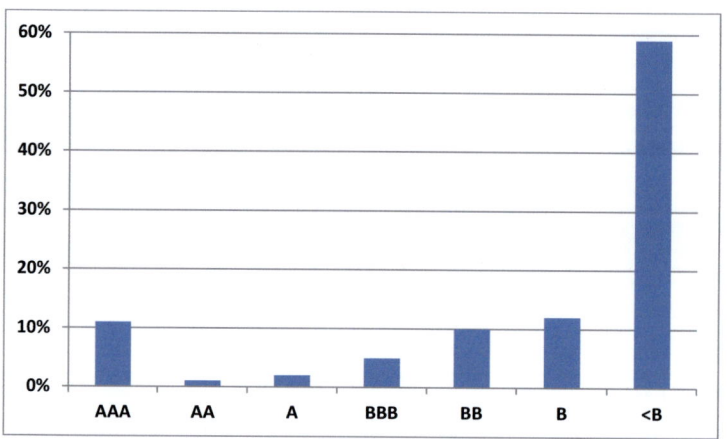

*Abbildung 14: (S&P) Rating-Übergänge von AAA gerateten US-CDOs (emittiert 2005-2007).*

*Quelle: International Monetary Fund (2009), S. 93.*

Die Abbildung zeigt, dass von allen ursprünglich „AAA" gerateten CDO-Tranchen am 30. Juni 2009 nur noch knapp 11 % ein „AAA"-Rating von

---

[170] Vgl. Cortez/Schön (2010), S. 172
[171] Vgl. Brabänder (2008).

Standard & Poor's trugen. Fast 80 % der Papiere fallen Mitte 2009 in den Bereich der „spekulativen Anlage".

Die fehlerhaften bzw. zu positiven Ratingurteile resultieren mit großer Wahrscheinlichkeit aus einer Kombination verschiedener Einflussfaktoren.

## a) Mängel im Ratingprozess strukturierter Finanzprodukte

Ein Grund für die kollektiven Fehlbewertungen können Fehler in den Berechnungsmodellen der Agenturen gewesen sein. Die Ergebnisse dieser mathematisch-statistischen Verfahren hängen stark von Annahmen bezüglich der Ausfallwahrscheinlichkeit einzelner Assets und deren Korrelationen untereinander ab. Da die Annahmen wiederum auf ökonometrischen Modellen und historischen Zeitreihen basieren, können sie ein Grund dafür sein, dass veränderte externe Rahmenbedingungen nicht vollständig und zeitnah berücksichtigt werden können. Eine auf Ausfallwahrscheinlichkeiten und Korrelationen der Vergangenheit basierende Bewertung ist allerdings nicht unproblematisch. Strukturierte Finanzprodukte und Subprime-Kredite mit variablen Verzinsungen stellten eine neue Erscheinungsform dar. Folglich verfügten die Agenturen nur über eine unzureichende Datenhistorie, was eine solide Korrelationsberechnung unmöglich machte.[172] Beispielsweise basierten Ausfallwahrscheinlichkeiten von Schuldnern in diesem Segment auf den Erfahrungen weniger Boomjahre. Des Weiteren ging man von immer weiter steigenden Immobilienpreisen aus. Über das Verhalten der bewerteten Portfolios unter schlechteren Marktbedingungen, wie fallende Immobilienpreise und steigende Leitzinsen, fehlten fundierte Werte.[173] Die Kombination dieser Faktoren kann letztlich dazu geführt haben, dass die Agenturen die Ausfallrisiken der Kredite falsch beurteilt haben.

## b) Umsatzabhängige Überbewertung von CDOs

Ein weiterer Grund für die fehlerhafte Bewertung können die in Kapitel 4 skizzierten Ineffizienzen auf dem Markt für Ratings sein. Durch diese kön-

---

[172] Vgl. Michel (2010), S. 66.
[173] Vgl. Schiessl/Schulz (2009), S. 76.

nen falsche Anreize bei der Bewertung strukturierter Finanzprodukte entstanden sein.

Im Jahr 2006 stammten 44 % des Umsatzes von Moody's aus der Sparte
„Structured Finance".[174]

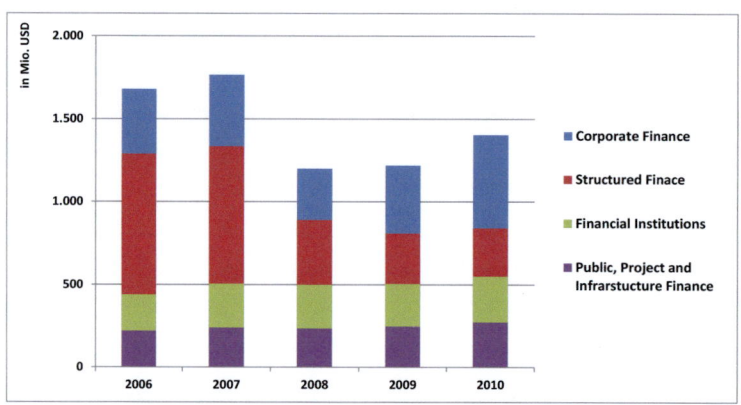

*Abbildung 15: Umsatz nach Geschäftssparte (Moody's)*
*Quelle: Moody's (2011), S. 2.*

Darüber hinaus sollen die Umsatzrenditen im Bereich strukturierter Papiere
bei bis zu 80 % gelegen haben.[175] Die Kombination aus Umsatzverteilung,
Umsatzrendite und Ratingverteilung nach Unternehmensanleihen und strukturierten Papieren (Vgl. Abbildung 12) lassen auf eine großzügigere Bewertung umsatzstarker aber zugleich unsicherer Finanzprodukte schließen. Diese Beobachtung steht im Einklang mit einer Studie amerikanischer Forscher,
wonach Ratingstandards invers mit dem erzielten Umsatz korreliert sind
(Vgl. 4.4).

---

[174] Vgl. Moody's (2007), S. 5.
[175] Vgl. Schissl/Schult (2009), S. 76.

### c) Mangel an Ressourcen im Bereich Structured Finance

Angesichts jährlicher Zuwachsraten von über 20 %[176] im Geschäftsfeld Structured Finance[177], wurde der Verdacht geäußert, dass Ratingagenturen zu geringe Ressourcen für die Bewertung von Finanzprodukten eingesetzt haben. Trotz der enorm steigenden Anzahl von Ratings für CDO-Produkte, stieg die Anzahl an Analysten nur geringfügig.[178]

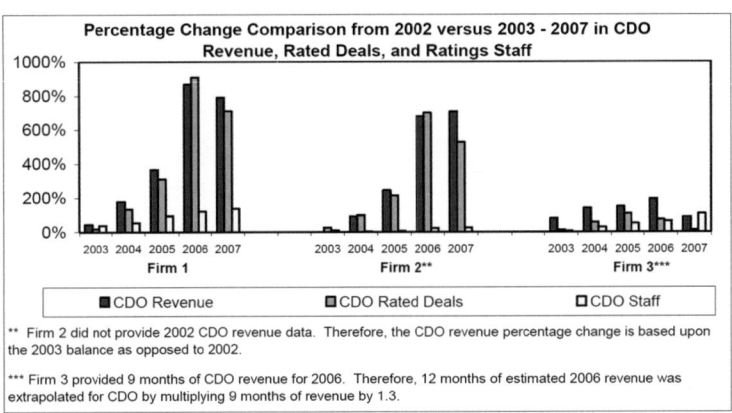

*Abbildung 16: Prozentuale Veränderung der Umsätze, Transaktionen und Analysten im CDO-Bereich für den Zeitraum 2003 - 2007*
*Quelle: SEC (2008), S. 12.*

Angesichts dieser Entwicklung und der zunehmenden Komplexität strukturierter Finanzprodukte wird vermutet, dass die Agenturen schlichtweg überfordert waren und daraufhin die Qualität der Ratings stark nachgelassen habe.[179] Die Analysten waren sich der Qualität der Ratings infolge der personellen Engpässe bewusst: Eine Transaktion *„could be structured by cows and we would rate it"* auch wenn die verwendeten Modelle *„(do) not capture half of the deal's risk"*.[180] Die mangelhaften Ratingurteile, die aufgrund

---

[176] In den Jahren 2002 - 2006
[177] Vgl. Moody's (2006), S. 2.
[178] Vgl. SEC (2008), S. 12.
[179] Vgl. SEC (2008), S. 10.
[180] SEC (2008), S. 12.

unzureichender Ressourcen zustande kamen, wurden durch höhere Umsatz-renditen in Kauf genommen.[181]

### d) Parallelität von Rating- und Beratungsleistung

Kritisch ist zudem die Tatsache zusehen, dass neben Ratingleistungen auch entgeltliche Beratungsleistungen erbracht wurden, die zum Ziel hatten, Emissionen so auszugestalten, dass Tranchen ein bestimmtes Rating gerade noch erhielten. Das Resultat war, dass viele Ratings nur die Mindestvoraus-setzungen erfüllten, und keine Puffer für sich verschlechternde Rahmenbe-dingungen vorhanden waren. So konnte sich die widersinnige Situation er-geben, dass Ratingagenturen Strukturen bewerteten, bei deren Entwicklung sie dem Emittenten beratend zur Seite gestanden haben. Somit liegt die Vermutung nahe, dass die mit dem Emittenten ausgearbeiteten Produkte sehr wohlwollend und günstig bewertet wurden. [182] *„Es war, als würde der TÜV Autos prüfen, die er selbst gebaut hat.* "[183]

### e) Ratingshopping

Laut Jerome Fons, einem ehemaligen Moody's Mitarbeiter, gab es *„(…) viele Hebel, die man einfach umlegen konnte, damit das gewünschte Triple-A herauskam*"[184]. Unter anderem sollen Emittenten denen eine Note nicht gefiel, zu anderen Ratingagenturen gegangen sein, wo sie womöglich „freundlicher behandelt worden sind.[185] Sogar Brian Clarkson, ehemaliger Chief Executive Officer (CEO) der Agentur Moody's, spricht in einem In-terview mit dem Wall Street Journal offen von Ratingshopping im Rahmen der Finanzmarktkrise: *„There is a lot of rating shopping that goes on. (…) People shop deals all the time. They're looking for the highest rating. Some-times we rate the deal. Sometimes somebody else does".*[186]

---

[181] Vgl. Schiessl/Schulz (2009), S. 76.
[182] Vgl. Cortez/Schön (2009), S. 172, 173.
[183] Schiessl/Schulz (2009), S. 76.
[184] Schiessl/Schulz (2009), S. 77.
[185] Vgl. Schiessl/Schulz (2009), S. 77.
[186] Clarkson (2008)

Obwohl Ratingshopping immer wieder als mögliche Ursache für die Überbewertung strukturierter Papiere angeführt wird, gibt es nur wenige empirische Untersuchungen die versuchen, die Konsequenzen von Ratingshopping
auf die Ratingqualität zu messen. *Benmelech und Dlugosz (2010)* untersuch-
ten in einer Studie, ob die Anzahl der Agenturen, die eine Tranche bewertet
hat, einen Einfluss auf mögliche Tranchenherabstufungen hat. Im Rahmen
einer Regressionsanalyse fanden sie heraus, dass Tranchen, die nur von einer Ratingagentur bewertet wurden, mit einer höheren Wahrscheinlichkeit
herabgestuft werden als Tranchen, die von mindestens zwei Agenturen bewertet wurden. *Benmelech und Dlugosz* deuten diese Beobachtung als mög-
lichen Beweis für Ratingshopping.[187]

Der Vorwurf des Ratingshoppings scheint plausibel und wird von Branchen-
insidern gestützt, zweifelsfreie empirische Beweise gibt es allerdings nicht.

**d) Zu späte Reaktion auf neue Entwicklungen im Markt**

Die amerikanische Bankenaufsicht (OCC) wies bereits Mitte 2005 auf eine
Verschlechterung der Qualität des Kreditvergabeprozesses hin. Das 40 %
der 2006 gewährten Subprime-Kredite ohne bzw. ohne vollständige Ein-
kommensprüfung der Schuldner gewährt wurden, war bezeichnend für die
unzureichende Kreditwürdigkeitsprüfung der Banken. Den Ratingagenturen
waren diese Zustände bewusst. Sie warnten Mitte 2006 vor dem sich ver-
schlechternden Zustand des Subprime-Marktes.[188] Jedoch reagierten die
Agenturen, bis auf wenige Ausnahmen, erst im Juli 2007 mit massiven Herabstufungen. Standard & Poor's und Moody's stuften strukturierte Papiere
mit einem Volumen von 7,3 Mrd. USD, respektive 5 Mrd. USD zurück.[189]
Die Zurückstufungen erfolgten erst zwei Jahre nachdem die amerikanische
Bankenaufsicht auf die Gefahren im Subprime-Markt aufmerksam machte

---

[187] Vgl. Benmelech/Dlugosz (2010), S. 195, 196.
[188] Vgl. Coffee (2008), S. 7, 8.
[189] Vgl. Sachverständigenrat zur Begutachtung der gesamtwirtschaftlichen Entwicklung
(2007), S. 95.

und ein Jahr nachdem Moody's und Co selbst auf die Probleme hingewiesen haben.

Die massiven Abstufungen verdeutlichen, dass die bestehenden Ratings nur unzureichend überwacht wurden. Dies könnte im Zusammenhang mit dem Gebührenmodell der Agenturen stehen. Gebühren für Erst-Ratings übersteigen die Gebühren für die Überwachung bestehender Ratings bei Weitem.[190] Daraus ergibt sich für die Agenturen der Anreiz, Personal schwerpunktmäßig im Neugeschäft und damit zu Lasten dem Monitoring bereits existierender Ratings einzusetzen. Ferner dürften personelle Engpässe in Folge des stark wachsenden Verbriefungsmarktes zu Defiziten in der Überwachung beigetragen haben.[191]

## 5.2 Staatsschuldenkrise im Euroraum

### 5.2.1 Entstehung der Krise

Die Euro-Krise hat zwei Hauptursachen: Zum einen die hohen Schuldenstände einiger Mitgliedsländer und zum anderen die halbherzige Konstruktion der Währungsunion. Eine dieser Ursachen alleine hätte die Euro-Zone wahrscheinlich nicht so schnell in Bedrängnis gebracht. Da aber beide zusammenfielen ist die Währungsgemeinschaft akut gefährdet. Einige Euro-Länder, u.a. Griechenland, Italien und Irland, haben in der vergangenen Jahren hohe Schuldenberge angehäuft. Ihre Verbindlichkeiten sind, wie in Abbildung 17 dargestellt, teils höher als ihre jährliche Wirtschaftsleistung.[192]

---

[190] Vgl. Schiessl/Schulz (2009), S. 76.
[191] Vgl. Michel (2010), S. 67.
[192] Vgl. Kaiser/Böll (2011a).

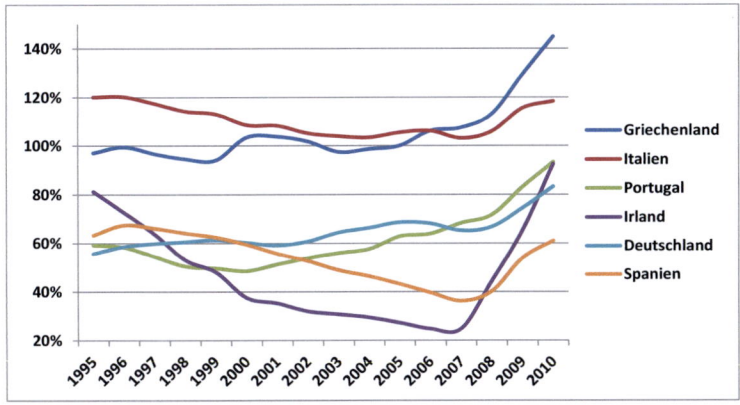

*Abbildung 17: Öffentlicher Schuldenstand in Prozent des BIP*
*Quelle: Eigene Darstellung mit Daten von Google Public Data (Stand 20.12.2011).*

Die Gründe für die prekäre Situation sind vielfältig. Eine Mitgliedsstaaten allen voran Griechenland haben den Eurobeitritt genutzt, um günstige Kredite aufzunehmen. Die Zugehörigkeit zur Währungsunion erlaubte ihnen eine günstige Finanzierung, während sie früher mit ihren nationalen Währungen hohe Zinsen zahlen mussten. Das konnte nur gut gehen, solange der Schuldenstand kein kritisches Niveau erreichte. Genau das passierte aber in der Finanzkrise 2008 und der darauffolgenden Rezession. Kleinere Staaten wie Irland mussten ihre überdimensionierten Kreditinstitute stützen und überforderten ihre Staatshaushalte. Auch Mitgliedsländer ohne großen Finanzsektor blieben von der Krise nicht unberührt. In Portugal brachen aufgrund der sinkenden Wirtschaftsleistung die Steuereinnahmen weg und die Verschuldungsquote stieg an.[193]

Steigende Schulden allein hätten die Euro-Zone wohl noch nicht in Gefahr gebracht. Staaten wie die USA und Japan haben schließlich höhere Verbindlichkeiten als der Durchschnitt der Euro-Mitgliedsländer. Jedoch können diese Staaten, anders als die Euro-Länder, ihre Währungen abwerten um ihre Schulden zu reduzieren und ihre Waren billiger ins Ausland zu expor-

---

[193] Vgl. Kaiser/Böll (2011a).

tieren.[194] Aufgrund dieser Tatsache ist es in einer Währungsunion unerlässlich, dass alle Mitglieder eine einheitliche Wirtschafts- und Finanzpolitik betreiben sowie eine hohe Haushaltsdisziplin aufweisen. Diese Aspekte wurden bei der Einführung des Euro vernachlässigt bzw. unterschätzt. Zwar wurden Schuldenobergrenzen im sogenannten Stabilitätspakt vereinbart, richtig ernst genommen werden diese aber nicht. Deutschland, Frankreich und Portugal gehörten zu den ersten Defizitsündern.[195]

Im Dezember 2011 spitzt sich die Krise weiter zu. Laut Europäischer Zentralbank (EZB) nehmen die Spannungen an den Finanzmärkten „Dimensionen einer systemischen Krise an, wie sie seit dem Zusammenbruch von Lehman Brothers vor drei Jahren nicht zu beobachten waren."[196] Kurz darauf leiht die EZB europäischen Geldinstituten faste eine halbe Billion Euro um die bedenkliche Lage im Bankensektor zu entspannen. Viele Banken stehen vor Abschreibungen in Milliardenhöhe weil sie in Staatsanleihen angeschlagener Euro-Länder investiert haben.[197] Währenddessen bereiten sich einzelne Banken und Länder auf den Ernstfall vor: Die Wiedereinführung nationaler Währungen in Europa.[198]

### 5.2.2  Kritische Würdigung der Rolle der Ratingagenturen

In der aktuellen Diskussion sind die großen angelsächsischen Agenturen angesichts ihrer Ratingabstufungen für Griechenland, Portugal, Italien und Spanien in die Kritik geraten: Die Herabstufungen kämen zu spät und würden dadurch die Krise verschärfen.[199] Dazu kommen die Vorwürfe, dass die Agenturen trotz der Spar- und Reformbemühungen in den Krisenländern wie Griechenland, Irland oder Portugal die Kreditwürdigkeit der Länder

---

[194] Vgl. Mayer (2012).
[195] Vgl. Kaiser/Böll (2011a).
[196] Kaiser (2011b)
[197] Vgl. www.spiegel.de (2011).
[198] Vgl. www.manager-magazin.de (2011).
[199] Vgl. Feri EuroRating (2010), S. 5.

weiter herabgestuft hätten, nachdem sie zuvor selbst die Konsolidierung und die Reformen gefordert hätten.[200]

Die zum Teil heftigen politischen Attacken auf die Agenturen belegen zum einen die Bedeutung der internationalen Finanzmärkte für die Finanzierung von Staatsschulden. Zum anderen sind sie aber auch der Ausdruck eines großen Missverständnisses darüber was Ratings sind und was sie leisten können. Beispielsweise stieß in den politischen Kommentaren die Tatsache auf vollkommendes Unverständnis, dass die aktuellsten Herabstufungen Portugals und Irlands damit begründet wurden, dass der Europäische Stabilitätsmechanismus (ESM) wohl nicht in vollem Umfang für Altschulden haftet, sondern private Gläubiger beteiligen will. Die Logik des Ratingansatzes ist die Bewertung von Kreditausfallwahrscheinlichkeiten und somit sind die Herabstufungen korrekt, denn die Haftung der Gläubiger erhöht schließlich deren Risiko.[201] Zudem bewerten die Agenturen nur Fakten und tragen mit ihren Herabstufungen der zunehmenden Staatsverschuldung in der Eurozone (Vgl. Abb. 17) Rechnung.[202] Darüber hinaus verloren einige Länder wie Italien, Irland und Portugal schon vor einigen Jahren ihre Top-Bonität.[203]

Im Zusammenhang mit der Schuldenkrise in der Eurozone stellt die Übernahme von Ratings in Gesetzte und Regulierungen ein viel größeres Problem dar. Dadurch entstehende „Trigger-Effekte" können einen Teufelskreis auslösen, der die Krise weiter verschärft.[204]

Unterstützung bekommen die Ratingagenturen vom Internationalen Währungsfonds (IWF). Dieser kommt in einer Studie zu dem Ergebnis, dass sie sehr gut in der Lage sind, „(...) *Anleihen verschiedener Staaten nach ihrem*

---

[200] Vgl. Utzig (2011), S. 8.
[201] Vgl. Utzig (2011), S. 8.
[202] Vgl. Mayer (2012).
[203] Vgl. Feri EuroRating (2010), S. 5, 6 in Verbindung mit Anhang 4.
[204] Vgl. Utzig (2011), S. 10.

*Ausfallrisiko in eine Reihenfolge zu bringen.* "[205] Auch angesichts dieser Einschätzung erscheinen die Vorwürfe aus der Politik nicht gerechtfertigt zu sein.[206]

## 5.3 Zusammenfassung

Ratingagenturen nehmen eine zentrale Position an den Kapitalmärkten ein. Daher ist es unerlässlich, dass sie stets unabhängige, objektive und qualitativ einwandfreie Bonitätseinstufungen abgeben. Im Zuge der Finanzmarktkrise gerieten die Ratingverfahren und Geschäftsmodelle der Agenturen in die Diskussion. Dabei wurden Probleme aufgedeckt, welche die Leistungsfähigkeit der Agenturen ernsthaft in Frage stellen. Hier sind u.a. die Schwächen in den Modellen und Methoden zur Bewertung strukturierter Finanzprodukte, die Parallelität von Beratungs- und Ratingleistung sowie die potentiellen Interessenkonflikte, die aus dem Gebührenmodell der Agenturen entstehen, zu nennen. Durch ihre Fehler bei der Bewertung von strukturierten Finanzprodukten haben die Ratingagenturen zur Auslösung der Krise beigetragen und die Kritik an ihnen ist berechtigt.

Anders sieht es bei ihrer Rolle im Zusammenhang mit der Staatsschuldenkrise im Euroraum aus. Hier scheint die Kritik an den Agenturen seitens der Politik überzogen. Die Agenturen tragen den wachsenden Staatenverschuldungen in der Eurozone Rechnung, indem sie die betreffenden Länder herabstufen. Damit kommen sie der Logik des Ratingansatzes, d.h. der Bewertung von Kreditausfallwahrscheinlichkeiten, nach. Der IWF unterstützt die Agenturen und attestiert ihnen eine gute Arbeit in Bezug auf die Erstellung von Länderratings.

Im folgenden Kapitel sollen Vorschläge diskutiert werden, um die auf dem Ratingmarkt existierenden Probleme zu beseitigen.

---

[205] Säverin (2010), S. 15.
[206] Vgl. Säverin (2010), S. 15.

# 6 Zukunftsszenarien des Ratings

## 6.1 Staatliche europäische Ratingagentur

Nach der heftigen und zum Teil berechtigten Kritik an den Ratingagenturen, wird in Politik und Wirtschaft intensiv über deren Zukunft diskutiert. Zahlreiche Politiker und Kommentatoren sehen in der Schaffung einer staatlichen europäischen Ratingagentur eine angemessene Antwort auf die Funktionsprobleme des Rating-Marktes.[207] Im Folgenden sollen die Anforderungen sowie die Vor- und Nachteile einer solchen Lösung skizziert werden.

Eine staatlich finanzierte Agentur sollte den Wettbewerb auf dem Ratingmarkt forcieren, unabhängig und ohne Interessenkonflikte bewerten, nicht gewinnmaximierend arbeiten und die EZB sowie die nationalen Notenbanken in ihre Arbeit einbeziehen.[208] Da die deutsche und französische Notenbank schon seit langem die von Geschäftsbanken im Zuge ihrer Refinanzierung eingereichten Sicherheiten prüfen, verfügen sie über einen langjährigen Datenbestand für Unternehmen.[209] Ein weiterer Vorteil, der für die Einbeziehung der Notenbanken spricht, ist, dass diese bei den Marktteilnehmern über eine gute Reputation verfügen und als neutral sowie unabhängig von der Politik gelten.[210]

Die regional begrenzte Tätigkeit einer rein europäischen Ratingagentur wird als großer Nachteil genannt. Agenturen, die nicht zusätzlich in den USA tätig sind, würden international keine Akzeptanz finden, weil der dortige Markt zu bedeutsam ist. Des Weiteren müsse eine Agentur international vertreten sein, um multinationale Unternehmen angemessen beurteilen zu können. Als Negativbeispiel werden japanische Ratingagenturen angeführt, die international praktisch keine Rolle spielen. Der Gesetzgeber könnte die mangelnde Akzeptanz kompensieren, indem er europäischen Emittenten vorschreibt, ein Rating der europäischen Agentur einzuholen. Ferner könnte

---

[207] Vgl. Beck/Wienert (2010a), S. 467.
[208] Vgl. Schröder (2011), S. 13.
[209] Vgl. Schäfer (2009), S. 654.
[210] Vgl. Beck/Wienert (2010a), S. 467.

der Gesetzgeber dem Rating eine rechtliche Bedeutung verleihen. Beispielsweise wäre hier die Eigenkapitalhinterlegung von Banken zu nennen.[211]

Hoffnungen auf mehr Markttransparenz könnten sich auf überlegene Beurteilungsqualitäten stützen.[212] Doch Anreize, warum eine europäische Ratingagentur sorgfältiger und genauer bewerten sollte als ihre privaten Pendants, sind nicht zu erkennen.[213] Eine Finanzierung über das Ratinggeschäft würde sie zu einer de-facto privaten Ratingagentur machen und alle bisher in dieser Arbeit beschriebenen Probleme mit sich bringen. Erhielte sie in irgendeiner Form Zuschüsse von öffentlicher Seite, würde die Erfordernis, sich am Markt mit exzellenter Arbeit zu behaupten, sinken bzw. entfallen. Erfahrungsgemäß leidet die Qualität der Arbeit bei Unternehmen mit staatlicher Existenzgarantie.[214]

Darüber hinaus würde durch die Gründung einer staatlichen europäischen Ratingagentur ein nicht zu bestreitender Interessenkonflikt entstehen: Europas Staaten, welche zu den größten Schuldnern an den Kapitalmärkten gehören, gründen ihre eigene Ratingagentur, die die Bonität ihrer eigenen Emissionen bewerten soll.[215] Jede Herabstufung einer europäischen Staatsanleihe würde eine Zunahme an Zinsverpflichtungen für das betreffende Land bedeuten. Es ist schwer vorstellbar, dass die Ratings einer staatlichen Agentur nicht rasch zu einem Politikum werden.[216] Des Weiteren ist davon auszugehen, dass nationale Regierungen versuchen werden, dass Handeln einer solchen Agentur zu beeinflussen. Alleine das Wissen um diesen Interessenkonflikt würde bei den Marktteilnehmern vermutlich großes Misstrauen auslösen. Diesem Vorurteil kann man auch nicht durch die geliehene Reputation über die Einbeziehung der Zentralbanken begegnen. Zudem ver-

---

[211] Vgl. Beck/Wienert (2010a), S. 468.
[212] Vgl. Buschmeier (2011), S. 185.
[213] Vgl. Sachverständigenrat zur Beurteilung der gesamtwirtschaftlichen Entwicklung (2008), S. 166.
[214] Vgl. Beck/Wienert (2010a), S. 468.
[215] Vgl. Mayer (2012).
[216] Vgl. Säverin (2010a), S. 15.

spielte die EZB durch den Ankauf griechischer Staatsanleihen einen Teil ihres guten Rufs und muss sich den Vorwurf gefallen lassen, doch von der Politik beeinflusst zu werden.[217]

Auch bei einer staatlichen Agentur stellt sich die Frage nach der Haftung.[218] Sollte sich eine Ratingagentur, die sozusagen mit dem Gütesiegel der europäischen Regierungen versehen ist, hinsichtlich eines Ratings irren, wären die Regierungen schweren Vorwürfen ausgesetzt. In der Außenwahrnehmung würde es so wirken, als hätte die Politik die Anleger in falsche Investments gelockt. Im schlimmsten Falle würden diese ihr Geld zurückfordern, weil sie eine staatliche Agentur in ihren Augen falsch beraten hat. Darüber hinaus drohen wettbewerbs- und handelspolitische Konflikte, sollte die staatliche Agentur in den internationalen Wettbewerb mit den großen privaten Agenturen treten.[219]

Zusammenfassend lässt sich sagen, dass eine staatliche europäische Ratingagentur im Hinblick auf die wichtigsten Anforderungen nicht zielführend ist. Anzahl und schwere der genannten Nachteile überwiegen die Vorteile einer staatlichen Agentur deutlich.

## 6.2 Reformierung und Regulierung des Ratingmarkts

### 6.2.1 Marktinitiativen mit dem Ziel der Selbstregulierung

Die Ratingagenturen ihrerseits haben vor geraumer Zeit Reformen ausgearbeitet, mit denen sie die Integrität ihrer Ratingverfahren zu Verbessern gedenken. Dabei sind sich die Ratingagenturen der Tastsache bewusst, dass das Vertrauen der Investoren und Aufseher in ihre Fähigkeit, die Kreditqualität zu beurteilen, dadurch nachhaltig erschüttert wurde, dass ihnen Fehler bei der Bewertung von strukturierten Finanzprodukten angelastet werden. Die großen Ratingagenturen haben sich verpflichtet, insgesamt 22 konkrete Schritte einzuleiten um drei große Problembereiche (Unabhängigkeit des

---

[217] Vgl. Beck/Wienert (2010), S. 468.
[218] Vgl. Buschmeier (2011), S. 185.
[219] Vgl. Beck/Wienert (2010), S. 468.

Ratingverfahrens, Qualität des Ratings und Transparenz) wirksam anzuge-hen.[220] Dazu zählen u.a. die öffentliche Überprüfung der Unternehmensfüh-rungsprozesse durch eine unabhängige Gesellschaft, Maßnahmen zur Stei-gerung der Qualität der beim Ratingprozess verwendeten Daten sowie die Auslagerung von Nicht-Ratingaktivitäten.[221] Den von den Agenturen be-fürworteten Änderungen liegt das gemeinsame Verständnis der Branche zugrunde, dass die derzeitige Vertrauenskrise von den Agenturen selbst be-wältigt werden muss und durch regulatorische Maßnahmen allein nicht zu lösen ist. Es ist jedoch zu befürchten, dass die Maßnahmen nicht tief genug greifen, um die ernsthaften Probleme zu lösen und das Vertrauen in die Märkte wiederherstellen.[222]

### 6.2.2 Initiativen der Gesetzgeber

Bereits 2003 bezeichnete Deutschlands oberster Finanzaufseher, BaFin-Chef Jochen Sanio, Ratingagenturen als „(…) *die größte unkontrollierte Machtstruktur im Weltfinanzsystem"*[223] Auf beiden Seiten des Atlantiks suchen die Gesetzgeber nach geeigneten Mitteln und Wegen die Ineffizien-zen auf dem Ratingmarkt zu beseitigen. Im Folgenden sollen die erfolgver-sprechendsten Reformierungs- und Regulierungsansätze, die zudem eine sinnvolle Alternative zu einer staatlichen europäischen Ratingagentur dar-stellen, vorgestellt werden:

- Abschaffung des „Issuer-Pays"-Gebührenmodells[224]
- Regulatorische Wirkung von Ratings reduzieren[225]
- Veröffentlichung von Ratingmethoden und -modellen[226]
- Verbot von gleichzeitiger Beratungs- und Bewertungsleistung[227]
- Eigenverantwortung der Investoren stärken[228]

---

[220] Vgl. EZB (2009), S. 119, 120.
[221] Vgl. Michel (2010), S. 80.
[222] Vgl. EZB (2009), S. 120.
[223] Deutscher Bundestag (2003), S. 29.
[224] Vgl. Beck/Wienert (2011), S. 358.
[225] Vgl. Mayer (2012).
[226] Vgl. Snower (2011).
[227] Vgl. Europäisches Parlament und Rat der Europäischen Union (2009), S. 25.

Eines der größten Probleme beim Rating besteht darin, dass der Auftraggeber die Agentur für das Rating bezahlt.[229] Der daraus resultierende Interessenkonflikt könnte durch zwei Optionen vermieden werden: Die erste Möglichkeit wäre, dass die Investoren statt der Emittenten die Kosten für das Rating tragen. Dieser Vorschlag scheint plausibel, weil dadurch vermieden werden könnte, dass künftige lukrative Geschäfte mit dem Emittenten zu einem Schönrechnen des Ratings führen. [230] Dies käme jedoch dem ungeliebten Geschäftsmodell der Agenturen von vor 1970 gleich. Die zweite Möglichkeit den Interessenkonflikt zu vermeiden bestünde darin, die Trennung von Auftrag und Auftraggeber durch eine Fondslösung zu erreichen. Die Vergabe von Ratingaufträgen würde über eine Ausschreibung ohne die Nennung von Namen erfolgen, den Zuschlag erhielte der günstigste Anbieter. Die Finanzierung des Fonds würde bspw. über Beiträge der Emittenten erfolgen.[231] (Ein Ratingfonds als Alternative zur jetzigen Praxis auf dem Ratingmarkt wird unter Punkt 6.3 ausführlicher beschrieben.)

Die regulatorische Bedeutung von Ratings ist enorm. Beispielsweise dürfen Pensionsfonds in den USA nur in Anlagen mit einem bestimmten Rating investieren oder sind gezwungen, Anlagen die unter ein gewisses Rating fallen, zu verkaufen.[232] Auch die Europäische Zentralbank bindet sich an Ratings, indem sie sich auferlegt hat, nur Staatsanleihen mit befriedigenden Ratings als Sicherheiten für Kredite zu akzeptieren.[233] Durch die Verankerung von Ratings in den Statuten öffentlicher und privater Institutionen können Trigger ausgelöst werden, die kritische Situation weiter verschärfen können.[234] Deshalb sollte, um die Effizienz auf dem Ratingmarkt weiter zu steigern, der Bezug zu Ratings aus Gesetzestexten und Regulierungsvorschriften beseitigt werden. In den USA hat ein solcher Vorschlag bereits

---

[228] Vgl. Beck/Wienert (2011), S. 10
[229] Vgl. Beck/Wienert (2011), S. 358.
[230] Vgl. Schröder (2011), S. 13.
[231] Vgl. Beck/Wienert (2011), S. 358.
[232] Vgl. Rosenbaum (2004), S. 16.
[233] Vgl. www.spiegel.de (2010).
[234] Vgl. Gras (2003), S. 17-19.

Gesetzeskraft. Der „Dodd-Frank Wall Street Reform and Consumer Act" sieht vor, Ratings binnen zwei Jahren aus alles Industriestandards, Gesetzten und Regulierungen, wo immer möglich, zu streichen. In der Europäischen Union werden vergleichbare Vorschläge in naher Zukunft erwartet.[235]

Für einen transparenteren Ratingmarkt sollten die Agenturen ihre Methoden und Modelle detailliert veröffentlichen. Dadurch wäre es unabhängigen Experten und Konkurrenten möglich, die Vorgehensweise kritisch zu hinterfragen. Zudem könnten sich Anleger ein besseres Bild von der Zuverlässigkeit der Ratingaussagen machen. Seit Ende des Jahres 2009 ist die EU-Verordnung 1060/2009 in Kraft, die sich u.a. mit diesem Thema befasst.[236]

Darüber hinaus wird in der EU-Verordnung auf das Problem paralleler Beratungsdienstleistungen durch die Ratingagenturen und den daraus entstehenden Interessenkonflikten eingegangen. In dem Amtsblatt heißt es:

*„Eine Ratingagentur erbringt keine Beratungsleistungen für das bewertete Unternehmen oder einen verbundenen Dritten. Dies gilt für die Beratung in Bezug auf die Unternehmens- oder Rechtsstruktur, Vermögenswerte, Verbindlichkeiten oder Tätigkeiten des bewerteten Unternehmens oder des verbundenen Dritten. "[237]*

Bei einer Missachtung des Verbots drohen bis zu einer Millionen Euro Strafe.[238]

Bei einer Reformierung des Ratingmarktes darf aber auch die Rolle der Investoren nicht unbeachtet bleiben. Gerade in der Finanzmarktkrise versäumten es die meisten Marktteilnehmer, auch vermeintlich erfahrene Akteure, Emittenten und Finanzprodukte sorgfältig zu prüfen und delegierten statt-

---

[235] Vgl. Utzig (2011), S. 10, 11.
[236] Vgl. Schröder (2011), S. 13.
[237] Europäisches Parlament und Rat der Europäischen Union (2009), S. 25.
[238] Vgl. Deutscher Bundestag (2009), S. 13.

dessen ihr Kreditrisikomanagement an die Agenturen.[239] Eine mögliche Begründung kann in der gesetzlichen Anknüpfung des Ratings gesehen werden, da hiermit den Agenturen ein quasi Gütesiegel und somit ein hoher Vertrauenswert von Seiten des Gesetzgebers zugesprochen wird. Zudem dürften die Mehrzahl der Anleger gar nicht in der Lage gewesen sein, die komplizierten Produkte im Detail zu prüfen. Diese Problematik gilt es zukünftig zu vermeiden.[240] Das Financial Stability Board (FSB) hat mit seinen „Principals for Reducing Reliance on CRA Rating" vom Oktober 2010 bereits einen Weg vorgegeben. Zum einen soll, wie bereits erwähnt, die regulatorische Bedeutung des Ratings zurückgedrängt werden und zum anderen sollen die Investoren dazu verpflichtet werden, eine eigene Risikoabschätzung durchzuführen. Der Vorschlag fand die breite Zustimmung der zwanzig wichtigsten Industrie- und Schwellenländer.[241]

### 6.3 Europäischer Ratingfonds als alternative Lösung

Der Aufbau eines europäischen Ratingfonds könnte eine wirkungsvolle Alternative zu momentan gängigen Ratingpraxis darstellen. Durch einen solchen Fonds könnten, durch die Trennung von Auftrag und Auftraggeber, Interessenkonflikte vermieden werden. Darüber hinaus würde diese Lösung den Wettbewerb auf dem Ratingmarkt forcieren.[242]

Das Modell ist vergleichbar mit einem Blindpool: Emittenten stellen ihre zu ratenden Produkte in den Fonds ein und leisten Zahlungen an den Fonds, aus denen die zu vergebenden Ratingaufträge finanziert werden. Die zu bewertenden Produkte werden ohne den Namen des Emittenten zu nennen ausgeschrieben. Die Vergabe der Aufträge wird durch einen Bieterstreit entschieden; die günstigste Agentur erhält den Zuschlag. Bewerben darf sich jede im Markt tätige Ratingagentur, welche die vom Fonds festgelegten Qualitätskriterien erfüllt. Durch dieses Vorgehen wird eine direkte Bezie-

---

[239] Vgl. Mayer (2012).
[240] Vgl. EZB (2009), S. 115.
[241] Vgl. Utzig (2011), S. 10.
[242] Vgl. Dombret (2010), S. 8.

hung zwischen Emittent und Ratingagentur verhindert. Zudem werden Gefälligkeitsratings erschwert.[243] Die Funktionsweise des Fonds wird in Abbildung 18 skizziert.

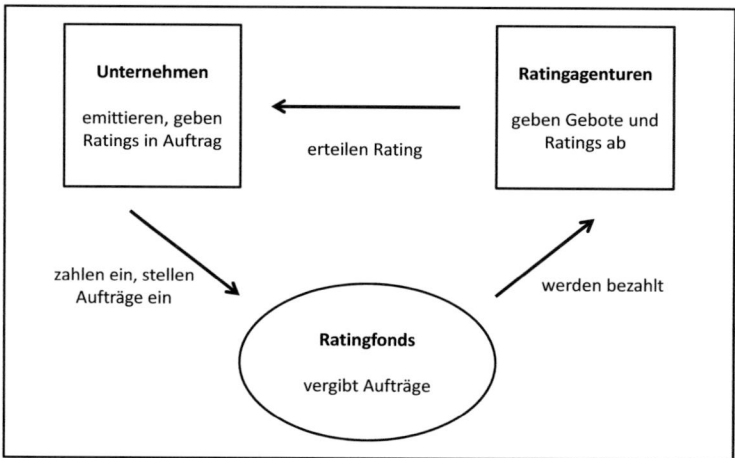

*Abbildung 18: Die Funktionsweise des Ratingfonds*
*Quelle: Beck/Wienert (2010b), S. 60.*

Die Finanzierung des Fonds könnte über die Beiträge aller Emittenten erfolgen, welche Ratings nutzen. Aufgrund der gesetzlichen Vorgaben sind diese leicht auszumachen. Darüber hinaus wäre es von Vorteil, ratingnutzende Investoren einzubinden. In Frage kommen all jene Anleger, die aufgrund rechtlicher Vorschriften oder Anlagesatzungen Ratings nutzen müssen. Hier entsteht allerdings ein Trittbrettfahrer-Problem. Anleger, die keine rechtliche Verpflichtung haben, Ratings einzusetzen, könnten das öffentliche Gut „Rating" unentgeltlich nutzen. Das Problem könnte dadurch gelöst werden, dass ein Teil der Finanzierung des Fonds aus einer zweckgebundenen Steuer auf geratete Finanzprodukte generiert wird. Eine solche Abgabe würde von allen Branchenbeteiligten getragen.[244]

Beaufsichtigt und geleitet werden sollte der Fonds von allen Brachenvertretern, die in den Fonds einzahlen. Hierzu zählen sowohl Emittenten als auch

---

[243] Vgl. Beck/Wienert (2010a), S. 468, 469.
[244] Vgl. Beck/Wienert (2010a), S. 469.

Investoren. Des Weiteren könnten Vertreter von Notenbank, Kartellamt und Monopolkommission in die Entscheidungsgremien des Fonds eingebunden werden. Dies sollte jedoch differenziert betrachtet werden: Zum einen öffnet sich eine Hintertür für politische Einflussnahme zum anderen können falsche Ratings negative gesamtwirtschaftliche Effekte auslösen.[245]

## 6.4 Zusammenfassung

Aufgrund der enormen Bedeutung von Ratings muss eine Reaktion auf die durch die Finanzmarktkrise offensichtlich gewordenen Mängel erfolgen. In diesem Zusammen fordern Politiker und andere Kommentatoren immer wieder den Aufbau einer staatlichen europäischen Ratingagentur. Untersucht man jedoch eine solche Lösung im Detail, wird deutlich, dass eine solche Ratingagentur keine sinnvolle Alternative darstellt. Viel zu unsicher ist, ob sie die bestehenden Ineffizienzen auf dem Ratingmarkt lösen kann. Beispielsweise sind keine Anreize ersichtlich, warum eine öffentliche Agentur qualitativ höherwertige Ratings abgeben sollte als eine private Ratingagentur. Da es fraglich ist, wie objektiv eine staatliche europäische Ratingagentur ihre Gründer bewertet, entstehen sogar zusätzliche Problemfelder. Darüber hinaus ergeben sich Haftungsfragen, die nur schwer zu beantworten sind.

Die Reformierung des Ratingmarktes und die stärkere Regulierung Agenturen sollte die effektivere Lösung darstellen. Die Mängel auf dem Ratingmarkt sind weitgehend bekannt und sollten durch gezielte Eingriffe der Gesetzgeber behoben werden. Beispiele sind die Abschaffung des derzeitigen Gebührenmodells der Agenturen, die Reduzierung der regulatorischen Wirkung des Ratings sowie die Stärkung der Eigenverantwortung der Investoren. Zwar gibt es auch von Seiten der Agenturen Maßnahmen zur Selbstregulierung, jedoch muss man davon ausgehen, dass diese nicht tief genug greifen.

---

[245] Vgl. Beck/Wienert (2010a), S. 469.

Der Aufbau eines europäischen Ratingfonds stellt eine interessante Alternative bzw. Ergänzung zur derzeitigen Praxis auf dem Ratingmarkt dar. Durch seine Funktionsweise kann er dazu beitragen, Interessenkonflikte zu vermeiden.

# 7 Fazit

In ihrer langen Geschichte haben sich die großen Ratingagenturen zu mächtigen Akteuren auf den internationalen Finanzmärkten entwickelt. Gerade in den 1970er Jahren haben sie und ihre Ratings einen beispiellosen Aufstieg und Bedeutungszuwachs erfahren. Die Funktion von Ratings geht mittlerweile weit über die einer reinen Orientierungshilfe für Investoren hinaus, sie spielen eine ebenso wichtige Rolle bei der Finanzmarktregulierung und bestimmen Anlageverhalten und damit verbundene Kapitalbewegungen. Während auf Anlegerseite die Kostenreduktion der Informationserhebung im Vordergrund steht, erhalten Emittenten, durch die Zertifizierungsfunktion von Ratings, Zugang zum Kapitalmarkt. Zum Zwecke der Regulierung greifen Aufsichtsbehörden auf Bonitätsbeurteilungen anerkannter Ratingagenturen zurück und schreiben damit privaten und gewinnorientierten Unternehmen eine Marktaufsichtsfunktion zu. Wie die Betrachtung der Finanzmarktkrise zeigt, wurden die Ratingagenturen der Rolle eines Frühwarnsystems bzw. der eines Risikominimierers nicht immer gerecht. Ganz im Gegenteil, Turbulenzen und Instabilitäten an den internationalen Finanzmärkten wurden z. T. erst durch mangelhafte Ratings erzeugt. Die ursprünglich auf die USA beschränkte Subprime-Krise wäre in diesem Ausmaße und globaler Ausbreitung, ohne neuartige Verbriefungstechniken, nie entstanden. Die Strukturierung war eine elementare Voraussetzung dafür, dass die hohen Bestände an „faulen" US-Immobilienkrediten in die Bilanzen von institutionellen Investoren rund um den Globus gelangen konnten. Für das Geschäft mit strukturierten Finanzprodukten sind die Ratings von Fitch und Co. essentiell, da institutionelle Anleger, aufgrund strenger Regulierungen in ihrer Anlagepolitik, dazu verpflichtet sind, nur in sehr sichere Anlagen zu investieren. Mit ihren Beurteilungen generierten sie den für institutionelle Anleger erforderlichen Qualitätsnachweis. Wie sich im Verlauf der Finanzmarktkrise herausstellte, fielen die Bewertungen der Agenturen deutlich zu gut aus. Durch eine Analyse des Ratingprozesses und des Ratingmarkts, konnte eine Reihe von Ineffizienzen und Interessenkonflikten identifiziert werden, welche die Arbeit der Agenturen negativ beeinflussen können und in Bezug auf die Finanzmarktkrise auch haben. So müssen sich die Agenturen u.a. vorwerfen lassen, strukturierte Papiere, mit denen am meisten Umsatz generiert werden kann, bevorzugt bewertet zu haben. Darüber hinaus konnten sich die Emittenten durch Ratingshopping ggf. die Agentur mit den besten Bewertungen aussuchen. Hinzukommt, dass die Agenturen bei der Gestaltung strukturierter Produkte mitwirkten, die sie später beurteilten.

Durch ihre mangelhafte Beurteilung riskanter Wertpapiertranchen, lassen sich die Ratingagenturen als Mitverursacher der Finanzmarktkrise identifizieren. Anders verhält sich ihre Rolle in der Staatschuldenkrise in Europa. Zwar sind die Agenturen auch in dieser Krise heftiger Kritik, gerade von Seiten der Politik, ausgesetzt, doch kommen sie nur der Logik des Ratingansatzes nach und spiegeln mit ihren Ratings die zunehmende Verschuldung der einzelnen Euroländer wieder. In dieser Krise hat es den Anschein, als wolle die Politik mit den Ratingagenturen einen bereits durch die Finanzmarktkrise angeschlagenen Sündenbock präsentieren um von den eigentlichen Problemen wie den Ungleichgewichten in der Währungsunion, der mangelhaften Haushaltspolitik der einzelnen Mitgliedsstaaten und dem schlechten Krisenmanagement der EU abzulenken.

Dennoch müssen die Probleme in der Ratingbranche und auf den Finanzmärkten beseitigt werden. Ein falscher Lösungsansatz bestünde in der Gründung einer staatlichen europäischen Ratingagentur. Eine solche Agentur würde bestehende Ineffizienzen und Interessenkonflikte nicht lösen sondern Neue nach sich ziehen. Deswegen erscheint die Reformierung des Ratingmarkts und die stärkere Regulierung der bestehenden Agenturen als die erfolgversprechendere Variante. Die Probleme wie bspw. das Gebührenmodell der Agenturen und die regulatorische Wirkung der Ratings sind den Gesetzgebern bekannt und es liegt an ihnen diese zu lösen. Eine interessante Alternative bzw. Ergänzung zur bisherigen Ratingpraxis könnte ein Ratingfonds darstellen. Durch seine Funktionsweise, insbesondere durch die Trennung von Auftrag und Auftraggeber, kann er dazu beitragen, Interessenkonflikte zu vermeiden und den Wettbewerb auf dem Ratingmarkt zu forcieren.

# Anhang

## Anhang 1: Ratingbeispiel der Continental AG

| Kriterien | Continental AG | Anmerkungen |
|---|---|---|
| **Größe, Diversifikationsgrad und Wettbewerbsposition** | | |
| Größe und Marktposition | A | Gesamtumsatz zwischen USD 13 und 19 Mrd. |
| Wettbewerbsposition/Eintrittsbarrieren | A/Baa | Hoher technologischer Gehalt des Produktportfolios stabilisiert Ertragsbasis |
| Geografische Diversifikation | Baa/Ba | Konzentration auf den europäischen Raum |
| Diversifikation nach Segmenten/Produkten | A/Baa | Ausgewogenes Geschäftsportfolio |
| Kundendiversifikation und -Konzentration | Baa/Ba | Begrenzte Kundenkonzentration. Solider Umsatzanteil des Anschlussmarkts |
| **Umsatzwachstum** | | |
| Vierjahres-Umsatzwachstum (CAGR) | Aaa - Aa | > 5 Prozent |
| Ausgaben für F & E in Prozent des Umsatzes | Baa | F & E Ausgaben in Höhe von 4 - 6 Prozent des Jahresumsatzes |
| **Kostenposition und Rentabilität** | | |
| Rentabilität (bereinigte -Marge) | A/Baa | Bereinigte Einjahres-EBIT-Marge über 7 Prozent, bereinigte Fünfjahres-EBIT-Marge zwischen 5 und 7 Prozent |
| Betriebliche Effizienz - Arbeitsproduktivität | A/Baa | Umsatz pro Beschäftigtem bei rund 220.000 USD |
| Betriebliche Effizienz - Kapitalumschlag | A | Kapitalumschlag bei 1,2 - 1,3 x |
| **Cashflow-Variabilität** | | |
| Fähigkeit zur Erwirtschaftung positiver Cashflows über einen Geschäftszyklus hinweg | Baa | Zumeist positiver Cashflow in den letzten Jahren |
| Reinvestitionsstrategie (Investitionsausgaben/Abschreibungen) | Baa | Investitionsausgaben mit Höhe der Abschreibungen vergleichbar |
| **Finanzierungspolitik und Kapitalstruktur** | | |
| Finanzierungsstrategie | A | Vorhersehbare Finanzierungspolitik, Ausgleich der Interessen von Anteilseignern und Gläubigern |
| Kapitalstruktur: Bereinigte Nettoverschuldung/Bereinigte Nettokapitalisierung | Ba | Verhältnis > 40 Prozent |
| Fälligkeit/Struktur der Verbindlichkeiten | Baa | Ausgewogenes Laufzeitprofil, solide Diversifikation der Schuldeninstrumente |
| Barreserven und Verfügbarkeit von Kreditlinien | Baa | Beständig gutes Liquiditätsmanagement und entsprechende Notfallpläne |
| M&A-Risiko | Ba | Erheblich |
| **Wichtige Bonitätskennzahlen** | | |
| Gesamtdeckungsquote | Aaa - Aa | Verhältnis > 7 x |
| Ber. Einbehaltender Cashflow (nach Änderungen des Betriebskapitals)/ber. Nettoverschuldung | A | Verhältnis > 30 Prozent |
| Positiver Cashflow/Ber. Bruttoverschuldung | Baa | Verhältnis > 8 Prozent |
| Ber. Bruttoverschuldung/EBITDAR | Baa | Verhältnis > 2 x |
| Durchschnittliche Gesamtkapitalrendite | A | Verhältnis bei 11 Prozent |
| **GEWICHTETER RATINGDURCHSCHNITT** | Baa 1 | |

*Quelle: Büschgen (2007), S. 126, 127.*

# Anhang 2: Durchschnittsratings der wichtigsten Industrie- und Schwellenländer

| | Fitch | Absolute Zahl | Standard & Poor's | Absolute Zahl | Moody's | Absolute Zahl |
|---|---|---|---|---|---|---|
| Argentinien | B | 15 | B | 15 | B 3 | 16 |
| Australien | AA + | 2 | AAA | 1 | Aaa | 1 |
| Brasilien | BBB | 9 | BBB | 9 | Baa 2 | 9 |
| China | A + | 5 | AA - | 4 | Aa 3 | 4 |
| Deutschland | AAA | 1 | AAA | 1 | Aaa | 1 |
| Frankreich | AAA | 1 | AAA | 1 | Aaa | 1 |
| Großbritanien | AAA | 1 | AAA | 1 | Aaa | 1 |
| Indien | BBB - | 10 | BBB - | 10 | Baa 3 | 10 |
| Indonesien | BB + | 11 | BB | 12 | Ba 2 | 12 |
| Italien | A + | 5 | A | 6 | A 2 | 6 |
| Japan | AA | 3 | AA - | 4 | Aa 3 | 4 |
| Kanada | AAA | 1 | AAA | 1 | Aaa | 1 |
| Mexico | BBB | 9 | BBB | 9 | Baa 1 | 8 |
| Russland | BBB | 9 | BBB | 9 | Baa 1 | 8 |
| Saudi-Arabien | AA - | 4 | AA - | 4 | Aa 3 | 4 |
| Südafrika | BBB + | 8 | BBB + | 8 | A 3 | 7 |
| Südkorea | A + | 5 | A | 6 | A 1 | 6 |
| Türkei | BB + | 11 | BB | 12 | Ba 2 | 12 |
| USA | AAA | 1 | AA + | 2 | Aaa | 1 |
| **Summe** | | **111** | **Summe** | **115** | **Summe** | **111** |
| **Mittelwert** | | **5,84** | **Mittelwert** | **6,05** | **Mittelwert** | **5,84** |

| max. Differenz | 0,21 |
|---|---|

| Ratingskala Moody's | | | Ratingskala S&P / Fitch | |
|---|---|---|---|---|
| Aaa | 1 | | AAA | 1 |
| Aa 1 | 2 | | AA + | 2 |
| Aa 2 | 3 | | AA | 3 |
| Aa 3 | 4 | | AA - | 4 |
| A 1 | 5 | | A + | 5 |
| A 2 | 6 | | A | 6 |
| A 3 | 7 | | A - | 7 |
| Baa 1 | 8 | | BBB + | 8 |
| Baa 2 | 9 | | BBB | 9 |
| Baa 3 | 10 | | BBB - | 10 |
| Ba 1 | 11 | | BB + | 11 |
| Ba 2 | 12 | | BB | 12 |
| Ba 3 | 13 | | BB - | 13 |
| B 1 | 14 | | B + | 14 |
| B 2 | 15 | | B | 15 |
| B 3 | 16 | | B - | 16 |

*Quelle: Eigene Darstellung und Berechnung mit Daten der Börsen-Zeitung vom 07.01.2012.*

## Anhang 3: Grundstruktur einer klassischen Verbriefung

Quelle: Michel (2010), S. 21.

## Anhang 4: Ratings ausgewählter Krisenländer

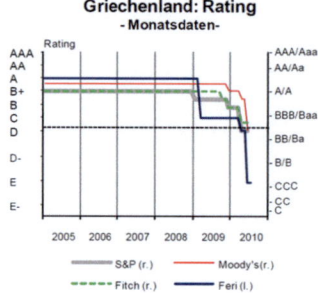

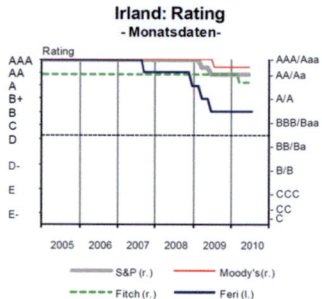

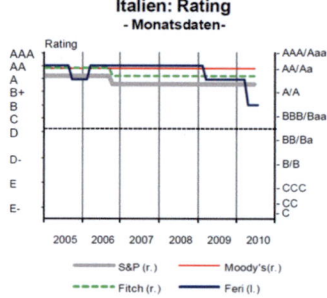

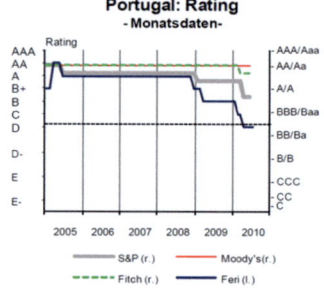

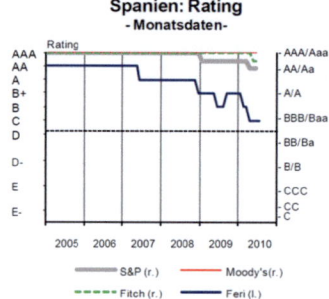

*Quelle: Feri EuroRating (2010), S. 5, 6.*

# Literaturverzeichnis

Andrieu, Patrick: Ratingagenturen in der Krise. Über die Einführung von Qualitätsstandards für Ratings durch die Europäische Union, Frankfurt am Main [u.a.]: Lang 2010.

Beck, Hanno/Wienert, Helmut: »Brauchen wir eine europäische Rating-Agentur? Funktionsprobleme des Rating-Marktes und ein alternativer Lösungsvorschlag«, in: Wirtschaftsdienst 90 (2010a), S. 464–469.

Beck, Hanno/Wienert, Helmut: »Zur Reform des Rating-(Un)Wesens. Bestandsaufnahme und eine Reform-Option«, in: Jahrbuch für Wirtschaftswissenschaften 61 (2010b), S. 45–67.

Beck, Hanno/Wienert, Helmut: »Effizienzprobleme im Markt für Ratings«, in: WiSt - Wirtschaftswissenschaftliches Studium 40. (2011), S. 353–359.

Behr, Patrick/Güttler, André: Interne und externe Ratings. Bedeutung, Entwicklung, Testverfahren, Frankfurt am Main: Bankakademie-Verlag 2004.

Benmelech Efraim, Dlugosz J.: The Credit Rating Crisis 2010, http://www.economics.harvard.edu/faculty/benmelech/files/MacroAnnual.pdf vom 25.12.2011.

Blaurock, Uwe: »Verantwortlichkeit von Ratingagenturen. Steuerung durch Privat- oder Aufsichtsrecht?«, in: Zeitschrift für Unternehmens- und Gesellschaftsrecht 36. (2007), S. 603–654.

Börsen-Zeitung: Länder-Ratings 2011, http://www.boersen-zeitung.de/index.php?li=312&subm=laender vom 10.12.2012.

Bösch, Martin: Finanzwirtschaft. Investition, Finanzierung, Finanzmärkte und Steuerung, München: Vahlen 2009.

Brabänder, Bernd: Die Rolle der Ratingagenturen 2008, http://www.die-bank.de/service/internet-translation-service/die-rolle-der-rating-agenturen vom 22.12.2011.

Braun, Peter (Hg.): Rating kompakt. Basel II und die neue Kreditwürdigkeitsprüfung ; Einführung in das Rating - externes Rating durch Rating-Agenturen - bankinternes Rating - Bankgespräch, Augsburg: Kognos-Verl. 2003.

Büschgen, Hans E.: Handbuch Rating, Wiesbaden: Gabler 2007.

Buschmeier, Andreas: Ratingagenturen. Wettbewerb und Transparenz auf dem Ratingmarkt, Wiesbaden: Gabler Verlag / Springer Fachmedien Wiesbaden GmbH Wiesbaden 2011.

Clarkson, Brian: The Wall Street Journal. Interview Excerpts: Moody's Executives 2008, http://online.wsj.com/article/SB120783282351804761.html vom 25.12.2011.

Coffee, John C.: Testimony before the United States Senate Committee on Banking, Housing and Urban Affairs. Turmoil in the U.S. Credit Markets: The Role of the Credit Rating Agencies, Washington DC 2008, http://banking.senate.gov/public/_files/OpgStmtCoffeeSenateTestimony TurmoilintheUSCreditMarkets.pdf vom 25.12.2011.

Cornaggia, Jess/Cornaggia, Kimberly J./Hund/John E.: Credit Ratings across Asset Classes. A=A? 2011, http://papers.ssrn.com/sol3/papers.cfm?abstract_id=1909091 vom 12.01.2012.

Cortez, Benjamin/Schön, Stephan: »Ratingagenturen im Schlaglicht der Finanzmarktkrise. Einordnung, Problemfelder und die neue EU-Verordnung über Ratingagenturen«, in: Wirtschaftswissenschaftliches Studium 39 (2008), S. 170–175.

Der Tagesspiegel: Die drei größten Ratingagenturen, http://www.tagesspiegel.de/wirtschaft/die-drei-groessten-ratingagenturen/4403272.html vom 27.11.2011.

Deutscher Bundestag: »Wortprotokoll. 15. Wahlperiode, Finanzausschuss, 7. Ausschuss, Protokoll Nr. 20, 4. Juni 2003.« (2003).

Deutscher Bundestag: Entwurf für ein Ausführungsgesetz zur Verordnung (EG) Nr. 1060/2009 des Europäischen Parlaments und des Rates vom 16. September 2009 über Ratingagenturen (Ausführungsgesetz zur EU-Ratingverordnung) 2009, http://www.bundesfinanzministerium.de/nn_1928/DE/BMF__Startseite/Aktuel-les/Aktuelle__Gesetze/Gesetzentwuerfe__Arbeitsfassungen/Gesetzentw urf__Ratingagenturen__anl,templateId=raw,property=publicationFile.pd f vom 07.01.2012.

Dombret, Andreas: »Stärkere Regulierung der Ratingagenturen allein reicht nicht«, in: Börsen-Zeitung (2010), S. 8.

Elschen, Rainer/Lieven, Theo: Der Werdegang der Krise. Von der Subprime- zur Systemkrise, Wiesbaden: Gabler Verlag / GWV Fachverlage, Wiesbaden 2009.

Europäische Zentralbank: Monatsbericht Mai 2009, http://www.bundesbank.de/download/ezb/monatsberichte/2009/200905. mb_ezb.pdf vom 07.01.2012.

Europäisches Parlament und der Rat der Europäischen Union: Verordnung Nr. 1060/2009 des Europäischen Parlaments und des Rates über Ratingagenturen 2009, http://eur-lex.europa.eu/LexUriServ/LexUriServ.do?uri=OJ:L:2009:302:0001:0031:DE:PDF vom 05.01.2012.

Feri EuroRating: Quartalsbericht 2010 2010, http://frr.feri.de/files/documents/FER/newsletter/newsletter.pdf.

Financial Times Deutschland: Douglas Peterson - Der Welterfahrene an der S&P-Spitze 2011a, http://www.ftd.de/finanzen/maerkte/:kopf-des-tages-douglas-peterson-der-welterfahrene-an-der-s-p-spitze/60094731.html vom 26.11.2011.

Financial Times Deutschland: Ratingagenturen benoten nach Umsatz 2011b, http://www.ftd.de/finanzen/:bonitaetsurteile-im-vergleich-ratingagenturen-benoten-nach-umsatz/60123295.html vom 09.12.2011.

Finanzen.net: Finanzkennzahlen Moody's, http://www.finanzen.net/bilanz_guv/Moodys vom 25.11.2011.

Fitch Ratings: Leadership, http://www.fitchratings.com/web/en/dynamic/about-us/leadership.jsp vom 27.11.2007.

Fitch Ratings: Inside the Ratings:. What Credit Ratings Mean, New York 2007, http://pages.stern.nyu.edu/~igiddy/articles/what_ratings_mean.pdf vom 21.12.2011.

Fons, Jerome S.: Ratinggrundlagen. Anleihe-Ratings und der Ratingprozess bei Moody's - Ein Leitfaden für die Teilnehmer am Kapitalmarkt 2001, http://www.moodys.com/sites/products/ProductAttachments/2001700000405722.pdf vom 09.12.2011.

Friedman, Thomas: Free Market Society. U.S. News & World report 1996, http://www.pbs.org/newshour/gergen/friedman.html vom 04.01.2011.

Gleißner, Werner/Bemmann, Martin: »Rating-Evidenz und Risikosimulation in strukturellen Modellen. Risikomanagement und Rating«, in: Risiko-Manager (2008), S. 1,6-12.

Google Public Data: Staatsverschuldung in Europa 2010, http://www.google.com/publicdata/explore?ds=ds22a34krhq5p_ vom 20.12.2011.

Gras, Isabell: The Power to Rate. Eine Untersuchung zur Rolle der Ratinga-genturen auf den internationalen Finanzmärkten. Universität Trier, Trier 2003, http://www.chinapolitik.de/studien/regem/regem_no6.pdf vom 23.11.2011.

Hunt, John P.: »Credit Rating Agencies and the 'Worldwide Credit Crisis': The Limits of Reputation, the Insufficiency of Reform, and a Proposal for Improvement«, in: Columbia Business Law Review Vol. I (2009), http://ssrn.com/abstract=1267625 vom 18.01.2012.

International Monetary Fund: Global Finacial Stability Report. Navigating the Financial Challenges Ahead, Washington DC 2009, http://www.imf.org/external/pubs/ft/gfsr/2009/02/pdf/text.pdf vom 21.12.2011.

Kaiser, Stefan: Bankenhilfe der EZB. Draghis gefährlicher Geldzauber 2011, http://www.spiegel.de/wirtschaft/unternehmen/0,1518,804969,00.html vom 26.12.2011.

Kaiser, Stefan/Böll, Sven: Vorhang auf für den nächsten Rettungsakt. Wie ist die Euro-Krise eigentlich entstanden? Spiegel Online 2011, http://www.spiegel.de/wirtschaft/soziales/0,1518,775525-2,00.html vom 26.12.2011.

Kley, Christoph R.: Mittelstands-Rating. Externe Credit Ratings und die Finanzierung mittelständischer Unternehmen (= Gabler Edition Wissen-schaft), Wiesbaden: Dt. Univ.-Verl 2003.

Kley, Christoph R.: Erklärungen für den Erfolg kleiner und großer Ratinga-genturen, Zürich 2004, http://www.kleynet.com/2004_Kley_Analyse_des_Erfolges_grosser_un d_kleiner_RatingWorkingPaper1Feb2004.pdf vom 25.12.2011.

Langer, Marie-Astrid: Wikirating. Mit der Macht der Masse, Zürich 2012, http://www.spiegel.de/wirtschaft/unternehmen/0,1518,810733,00.html vom 28.01.2012.

Majnoni, Giovanni/Levich, Richard M./Reinhart, Carmen M.: Ratings, rat-ing agencies and the global financial system, Boston: Kluwer Academic Publishers 2002.

Manager-Magazin.de: Währungskrise. Banken rüsten sich für den Euro-Notfall 2011, http://www.manager-magazin.de/unternehmen/banken/0,2828,805778,00.html vom 26.12.2011.

Mayer, Thomas: Deutsche-Bank-Chefvolkswirt zu S&P. "Herabstufung der Euro-Länder gerechtfertigt" 2012, http://www.tagesschau.de/wirtschaft/ratingagenturen162.html vom 17.01.2012.

Michel, Nicolas: Die Rolle der Ratingagenturen bei der Strukturierung von Asset-Backed Securities und Collateralised Debt Organisations. Julius-Maximilians-Universität, Würzburg 2010, http://www.vwl.uni-wuerzburg.de/fileadmin/12010100/Diplomarbeiten/Michel-Diplomarbeit.pdf vom 21.12.2011.

Moody's: Annual Report 2010, http://files.shareholder.com/downloads/MOOD/1531008835x0x448994/A62AF06C-38B5-4429-A150-36AE9485822F/2010AR.pdf vom 26.11.2011.

Moody's Corporation: Annual Report 2006 2007, http://files.shareholder.com/downloads/MOOD/1531008835x0x165513/23AA9DCF-DD23-4199-976A-632DFE13B19C/annualreport2006.pdf vom 22.12.2011.

Morkötter, Stefan/Westerfeld, Simone: »Asset Securitisation. Die Geschäftsmodelle von Ratingagenturen im Spannungsfeld einer Principal-Agent-Betrachtung«, in: Zeitschrift für das gesamte Kreditwesen 61 (2008), S. 393–396.

Pitzke, Marc: Herabstufung der US-Bonität. Amerika am Schuldenpranger 2011, http://www.spiegel.de/wirtschaft/unternehmen/0,1518,778709,00.html vom 11.12.2011.

Rickens, Christian/Wittrock, Philipp: Debatte über Macht der US-Bonitätswächter. Der Rating-Reflex 2012, http://www.spiegel.de/politik/deutschland/0,1518,809443,00.html vom 17.01.2012.

Rosenbaum, Jens: Der Einsatz von Rating-Agenturen zur Kapitalmarktregulierung in den USA: Ursachen und Konsequenzen. Universität Trier, Trier 2004, http://www.chinapolitik.de/studien/regem/regem_no8.pdf vom 23.11.2011.

Rosenbaum, Jens: Der politische Einfluss von Rating-Agenturen, Wiesbaden: VS Verlag für Sozialwissenschaften / GWV Fachverlage GmbH, Wiesbaden 2009.

Sachverständigenrat zur Begutachtung der gesamtwirtschaftlichen Entwicklung: Das Erreichte nicht verspielen. Jahresgutachten 2007/08, Wiesbaden 2007.

Säverin, Robert: »Machtvolle Berater«, in: Schlaglichter der Wirtschaftspolitik (2010), S. 10–15.

Schäfer, Dorothea: »Eine öffentliche europäische Rating-Agentur. Wir brauchen sie jetzt«, in: DIW-Wochenbericht 76 (2009), S. 654.

Schiessl, Michaela/Schult, Christoph/Schulz, Thomas: Die Not mit den Noten 2011,
http://wissen.spiegel.de/wissen/image/show.html?did=79973990&aref=image049/2011/08/13/CO-SP-2011-033-0064-0069.PDF&thumb=false vom 17.01.2012.

Schiessl, Michaela/Schulz, Thomas: Trio Infernale. Spiegel 2009,
http://wissen.spiegel.de/wissen/image/show.html?did=67768101&aref=image040/2009/11/14/ROSP200904700720078.PDF&thumb=false vom 22.12.2011.

Schneck, Ottmar/Morgenthaler, Paul/Yesilhark, Muhammed: Rating. Wie Sie sich effizient auf Basel II vorbereiten (= Beck-Wirtschaftsberater, Band 50871), München: Dt. Taschenbuch-Verl 2003.

Schröder, Michael: »Ratingagenturen umfassender regulieren«, in: Euro am Sonntag (2011), S. 13.

Schulz, Viktor: Die internationale Finanzmarktkrise und die Ratingagenturen, Hamburg: Diplomica-Verl. 2009.

Securities and Exchande Commission (SEC): Summary Report of Issues Identified in the Commission Staff's Examinations of Select Credit Rating Agencies, Washington DC 2008,
http://www.sec.gov/news/studies/2008/craexamination070808.pdf vom 24.12.2011.

Snower, Dennis: Ratingagenturen: Mehr Transparenz durch Wettbewerb 2011, http://www.ifw-kiel.de/medien/fokus/2011/ifw-fokus-105 vom 18.01.2012.

Spiegel Online: Staatsanleihen-Rating. EZB verwässert für Griechen-Rettung ihre Regeln 2010,
http://www.spiegel.de/wirtschaft/soziales/0,1518,692602,00.html vom 07.01.2012.

Spiegel Online: Riesenkredit gegen die Krise. EZB pumpt Banken halbe Billion Euro 2011,
http://www.spiegel.de/wirtschaft/unternehmen/0,1518,805096,00.html vom 26.11.2011.

Standard & Poor's: A History of Standard & Poor's,
http://www.standardandpoors.com/about-sp/timeline/en/us/ vom
26.11.2011.

Theilacker, Bertram: »Ratingagenturen. Verstaatlichen statt beaufsichti-
gen«, in: Zeitschrift für das gesamte Kreditwesen 62 (2009), S. 643–644.

Thonabauer, Günther/Nösslinger, Barbara: Best Practice im Risikomanagement von Verbriefungen, Wien 2004,
http://oenb.co.at/de/img/best_practice_tcm14-16321.pdf vom
09.12.2011.

Utzig, Siegfried: »Die Zukunft der Rating-Agenturen. Weniger oder bessere
Ratings?«, in: Die Bank (2011), S. 8–13.

Wappenschmidt, Christian: Ratinganalyse durch internationale Ratingagenturen. Empirische Untersuchung für Deutschland, Österreich und die
Schweiz, Frankfurt am Main [u.a.]: Lang 2009.